CIBERSEGURANÇA
PARA GESTORSES

CONSTRUINDO E MANTENDO
UMA FORTALEZA DIGITAL

SOBRE O AUTOR

Olá! Meu nome é Igor Doin, e sou um profissional apaixonado e dedicado à área de segurança da informação. Com anos de experiência prática, tive o privilégio de trabalhar de perto com mais de 500 empresas, ajudando-as a fortalecer suas defesas e garantir a integridade de seus sistemas e dados. Minha jornada na cibersegurança começou com uma profunda curiosidade e entusiasmo pela área, e evoluiu para um papel de consultoria estratégica onde consigo fazer uma diferença real na segurança dos meus clientes.

Como hacker ético, encontro grande satisfação em identificar e relatar vulnerabilidades em sites e aplicativos. Esse trabalho não é apenas uma profissão para mim, mas uma verdadeira paixão. A experiência prática que acumulei ao longo dos anos me permite entender as ameaças e desafios de diferentes perspectivas, o que é fundamental para fornecer soluções eficazes e personalizadas.

Atualmente, gerencio os processos estratégicos e comerciais em uma empresa de consultoria em segurança da informação. Nesta função, acompanho de perto a jornada de cada cliente, desde o primeiro contato e avaliação da situação atual até as melhorias contínuas ao longo dos meses. Minha missão é garantir que cada organização não apenas alcance, mas mantenha um nível robusto de segurança.

Ao longo de minha carreira, conheci milhares de pessoas pelo Brasil e testemunhei em primeira mão a transformação da segurança da informação de um conceito muitas vezes subestimado para a base sólida e essencial de qualquer empresa. A segurança da informação é mais do que um pilar; é a fundação sobre a qual se constrói a confiança e a resiliência de uma organização.

Espero que este livro ofereça a você insights valiosos e práticos para aprimorar a segurança de sua própria organização. Estou ansioso para compartilhar com você as lições aprendidas e as melhores práticas que desenvolvi ao longo de minha jornada na cibersegurança.

Caso você goste do livro, não se esqueça de deixar a sua avaliação na Amazon, isso me ajuda e motiva bastante! Além disso, sinta-se à vontade para me buscar nas redes sociais, como o Linkedin ou Instagram, para me contar como este livro ajudou na sua carreira. Agora sim: desejo uma excelente leitura!

INTRODUÇÃO

A MISSÃO DO GESTOR DA CIBERSEGURANÇA

O papel do gestor em cibersegurança é fundamental para a saúde e a integridade de uma organização. Um gestor na área de segurança da informação é alguém que ocupa uma posição estratégica e tem a responsabilidade de definir, implementar e supervisionar as políticas e estratégias de segurança de uma empresa. Esse papel pode incluir cargos como Chief Information Security Officer (CISO), Diretor de Segurança da Informação, ou Gerente de Segurança da Informação, entre outros. A missão do gestor é assegurar que a organização esteja protegida contra ameaças cibernéticas e que sua postura de segurança seja robusta e eficaz.

O Papel do Gestor

O gestor de cibersegurança é responsável por várias tarefas cruciais:

1. **Desenvolvimento de Estratégias de Segurança**: Cria e implementa políticas e práticas que visam proteger os ativos da empresa contra ameaças e vulnerabilidades.
2. **Gestão de Riscos**: Avalia continuamente os riscos de segurança e implementa medidas para mitigar esses riscos. Isso envolve a realização de avaliações de risco, o desenvolvimento de planos de continuidade de negócios e a resposta a incidentes.
3. **Alocação de Recursos**: Decide sobre os recursos necessários para a segurança da informação, incluindo

orçamento, ferramentas e pessoal.

4. **Conformidade e Regulamentação**: Garante que a organização esteja em conformidade com as leis e regulamentações de proteção de dados e segurança da informação.

5. **Educação e Conscientização**: Desenvolve programas de treinamento e conscientização para garantir que todos os colaboradores entendam e sigam as políticas de segurança.

A Importância do Gestor

A importância do gestor de cibersegurança para a vida de uma empresa não pode ser subestimada. Eles são os guardiões das informações sensíveis e desempenham um papel crucial na proteção contra ataques cibernéticos que podem causar danos financeiros e reputacionais significativos. Em um cenário onde as ameaças cibernéticas estão se tornando cada vez mais sofisticadas, a habilidade do gestor em antecipar, identificar e mitigar esses riscos é vital para a continuidade e o sucesso da organização.

Desafios Enfrentados

Os gestores de cibersegurança enfrentam uma série de desafios complexos:

1. **Evolução Contínua das Ameaças**: As ameaças cibernéticas estão em constante evolução, e o gestor deve estar sempre atualizado com as últimas tendências e técnicas de ataque para proteger a empresa adequadamente.

2. **Equilíbrio entre Segurança e Usabilidade**: Deve encontrar um equilíbrio entre implementar medidas de segurança rigorosas e manter a eficiência e a funcionalidade dos sistemas e operações da empresa.

3. **Gestão de Recursos Limitados**: Muitas vezes, os gestores precisam lidar com orçamentos restritos

e devem priorizar investimentos em segurança de maneira a obter o maior retorno possível.

4. **Conformidade Regulatória**: Manter a conformidade com uma variedade de regulamentações e normas pode ser desafiador, especialmente quando se lida com diferentes jurisdições e setores.

5. **Cultura Organizacional**: Promover uma cultura de segurança dentro da organização e garantir que todos os colaboradores compreendam e respeitem as políticas de segurança pode ser um desafio significativo.

Considerações Finais

A missão do gestor da cibersegurança é, portanto, uma tarefa complexa e multifacetada. Exige uma combinação de conhecimento técnico, habilidades de gestão e uma visão estratégica para proteger a organização contra ameaças e garantir a continuidade dos negócios. Ao assumir esse papel, o gestor não apenas protege a integridade dos sistemas e dados da empresa, mas também contribui para a construção de uma cultura de segurança robusta que fortalece a resiliência organizacional.

A função do gestor é de vital importância, e o sucesso nessa função pode ter um impacto profundo e positivo na saúde geral e na segurança de uma organização. Em um ambiente cibernético em constante mudança, a habilidade e a dedicação do gestor são fundamentais para garantir que a empresa possa enfrentar desafios futuros com confiança e segurança.

Importância da Segurança da Informação para o C-Level

A segurança da informação tornou-se uma prioridade estratégica para as organizações, especialmente no nível C-Level. Com a crescente sofisticação das ameaças cibernéticas e a dependência das operações de negócios na tecnologia, os executivos seniores precisam estar profundamente envolvidos na proteção dos ativos de informação da empresa. A falta de atenção adequada à segurança pode resultar em prejuízos financeiros significativos, danos à reputação e perda de confiança dos clientes.

OBJETIVOS DO LIVRO

Este livro tem como objetivo oferecer uma análise profunda e detalhada da segurança da informação a partir da perspectiva dos executivos de alto nível. Nossa intenção é capacitar líderes e gestores a compreenderem plenamente as complexidades e nuances da cibersegurança, fornecendo-lhes as ferramentas e o conhecimento necessários para tomar decisões estratégicas bem-informadas.

Através deste livro, pretendemos:

1. **Desenvolver uma Visão Abrangente da Segurança da Informação**: Proporcionar uma compreensão holística dos conceitos e práticas de segurança da informação, destacando sua importância para a proteção e a integridade das operações corporativas.

2. **Capacitar Executivos para Tomar Decisões Informadas**: Equipar os líderes com o conhecimento essencial para avaliar riscos, implementar medidas de segurança eficazes e fazer escolhas estratégicas que promovam a resiliência organizacional.

3. **Guiar a Implementação de Estratégias de Segurança Eficazes**: Oferecer orientações práticas e estratégias comprovadas para desenvolver e executar políticas e procedimentos de segurança que atendam às necessidades específicas de suas organizações.

4. **Promover a Criação de uma Cultura Corporativa Resiliente**: Incentivar a construção de uma cultura organizacional que valorize e integre a segurança da

informação em todos os níveis, garantindo que todos os colaboradores estejam alinhados com as melhores práticas de segurança e preparados para enfrentar ameaças cibernéticas.

5. **Preparar para o Futuro da Segurança da Informação**: Discutir as tendências emergentes e inovações tecnológicas na área de cibersegurança, ajudando os executivos a se prepararem para desafios futuros e a adotar soluções inovadoras que fortaleçam a postura de segurança de suas organizações.

Ao longo do livro, buscamos não apenas esclarecer os aspectos técnicos e estratégicos da segurança da informação, mas também inspirar e capacitar líderes a se tornarem defensores proativos da segurança cibernética em suas empresas. Com um foco em práticas eficazes e na criação de uma cultura de segurança robusta, este livro serve como um guia essencial para qualquer executivo comprometido em proteger e fortalecer sua organização contra as ameaças cibernéticas.

CAPÍTULO 1: ENTENDENDO A SEGURANÇA DA INFORMAÇÃO

DEFINIÇÃO E ESCOPO

Segurança da informação é o conjunto de práticas, políticas e estratégias desenvolvidas para proteger os dados e informações de uma organização contra acesso não autorizado, uso indevido, divulgação, interrupção, modificação ou destruição. O escopo da segurança da informação é vasto, abrangendo não apenas dados digitais armazenados em computadores, servidores e dispositivos móveis, mas também informações físicas, como documentos impressos e registros em papel.

A segurança da informação se baseia em três pilares fundamentais, conhecidos como o modelo CIA:

1. **Confidencialidade:** Garante que as informações sejam acessíveis apenas por pessoas autorizadas. Isso implica em restrições de acesso, criptografia de dados e práticas rigorosas de controle de acesso.
2. **Integridade:** Assegura que os dados sejam precisos e completos, protegidos contra alterações não autorizadas. Isso envolve a implementação de mecanismos para detectar e prevenir alterações maliciosas ou acidentais nos dados.
3. **Disponibilidade:** Garante que as informações e recursos estejam disponíveis para os usuários autorizados quando necessário. Isso inclui a implementação de redundâncias, backups e planos de recuperação de desastres para minimizar o tempo de inatividade.

A segurança da informação é essencial para todas as

organizações, independentemente do tamanho ou setor, pois protege ativos valiosos e garante a continuidade dos negócios.

PRINCIPAIS AMEAÇAS E VULNERABILIDADES

Para desenvolver defesas eficazes, é crucial entender as principais ameaças e vulnerabilidades que podem afetar a segurança da informação. As ameaças podem ser categorizadas como internas ou externas:

1. **Ameaças Internas:** Incluem ações maliciosas ou negligentes por parte de funcionários, ex-funcionários, contratados ou parceiros de negócios. Exemplos comuns são:

- **Insider Threats:** Funcionários que abusam do acesso autorizado para roubar ou danificar dados.

- **Erro Humano:** Falhas inadvertidas, como a divulgação de informações sensíveis por engano ou a configuração inadequada de sistemas.

2. **Ameaças Externas:** Originam-se fora da organização e incluem ataques cibernéticos, espionagem e fraudes. Exemplos incluem:

- **Malware:** Software malicioso, como vírus, worms, trojans e spyware, projetado para causar danos ou roubar informações.

- **Ransomware:** Tipo de malware que criptografa os dados da vítima e exige pagamento de um resgate para restaurar o acesso.

- **Phishing:** Ataques de engenharia social que enganam os usuários para que revelem informações confidenciais, como senhas e números de cartões de crédito.

o   **Ataques de Negação de Serviço (DoS):** Ataques que visam tornar um serviço ou rede indisponível sobrecarregando-o com tráfego malicioso.

o   **Espionagem Corporativa:** Ato de obter informações comerciais confidenciais através de métodos ilícitos.

Além das ameaças, é vital reconhecer as vulnerabilidades que podem ser exploradas por esses ataques:

- **Vulnerabilidades de Software:** Erros ou falhas no código que podem ser explorados para obter acesso não autorizado ou causar danos.

- **Configurações Incorretas:** Má configuração de sistemas, redes ou aplicativos que deixa brechas de segurança.

- **Senhas Fracas:** Uso de senhas fáceis de adivinhar ou reutilização de senhas em múltiplos serviços.

- **Falta de Atualizações:** Sistemas e softwares desatualizados que não possuem as correções mais recentes de segurança.

- **Redes Inseguras:** Uso de redes sem criptografia adequada, como redes Wi-Fi públicas.

IMPACTOS DE SEGURANÇA NAS EMPRESAS

As violações de segurança podem ter consequências devastadoras para as empresas, afetando-as de várias maneiras:

1. **Perda Financeira:** Custos diretos associados à resposta ao incidente, recuperação de dados, multas regulatórias e pagamento de resgates. Além disso, há perdas indiretas, como perda de receitas devido à interrupção dos negócios e custos de litígios.

2. **Danos à Reputação:** A confiança dos clientes, parceiros e investidores pode ser severamente abalada após uma violação de dados. Empresas como Target e Equifax sofreram grandes danos à sua imagem pública após incidentes de segurança.

3. **Penalidades Reguladoras:** Muitas jurisdições possuem leis rigorosas de proteção de dados, como o GDPR na Europa e o CCPA na Califórnia. Violações dessas regulamentações podem resultar em multas substanciais e obrigações de conformidade adicionais.

4. **Interrupções Operacionais:** Ataques cibernéticos podem causar paralisações significativas, afetando a capacidade da empresa de operar normalmente. Ransomware, por exemplo, pode criptografar sistemas críticos, exigindo tempo e recursos consideráveis para restaurar as operações.

Exemplos notáveis de violações de segurança incluem:

- **Target (2013):** Um ataque de malware afetou cerca de 40 milhões de cartões de crédito e débito, resultando em prejuízos financeiros, danos à reputação e custos de conformidade.

- **Equifax (2017):** Uma violação de dados expôs informações pessoais de aproximadamente 147 milhões de pessoas, levando a multas significativas, perda de confiança do cliente e custos de recuperação massivos.

Entender e mitigar essas ameaças e vulnerabilidades é essencial para proteger a organização contra impactos adversos e garantir a continuidade dos negócios.

CAPÍTULO 2: O PAPEL DO GESTOR NA SEGURANÇA DA INFORMAÇÃO

RESPONSABILIDADES E ENVOLVIMENTO DO C-LEVEL

Os executivos C-Level desempenham um papel crucial na segurança da informação. Eles são responsáveis por garantir que a segurança seja uma prioridade estratégica e que todos os níveis da organização estejam alinhados com essa visão. As responsabilidades e o envolvimento dos executivos C-Level podem ser descritos da seguinte forma:

1. **Definição da Visão e Estratégia:** Os executivos devem estabelecer uma visão clara para a segurança da informação, alinhada aos objetivos de negócios da organização. Isso inclui a definição de metas e a criação de uma estratégia abrangente que aborde todos os aspectos da segurança.

2. **Alocação de Recursos:** A segurança da informação requer investimentos significativos em tecnologia, pessoal e processos. Os executivos C-Level devem garantir que os recursos adequados sejam alocados para implementar e manter medidas de segurança eficazes.

3. **Criação de Políticas de Segurança:** Os executivos são responsáveis por aprovar e promover políticas de segurança robustas. Essas políticas devem cobrir todas as áreas críticas, como gerenciamento de acesso, proteção de dados, resposta a incidentes e conformidade regulatória.

4. **Supervisão e Governança:** É fundamental que os

executivos monitorem continuamente o estado da segurança da informação. Isso envolve a revisão regular de relatórios de segurança, auditorias e avaliações de risco para garantir que as medidas de proteção estejam funcionando conforme esperado.

5. **Envolvimento e Comunicação:** Os executivos devem se envolver ativamente na comunicação sobre a importância da segurança da informação. Isso inclui reuniões regulares com equipes de segurança, participação em treinamentos e campanhas de conscientização, e a promoção de uma cultura de segurança em toda a organização.

CULTURA DE SEGURANÇA CORPORATIVA

Desenvolver uma cultura de segurança sólida é essencial para a proteção eficaz dos ativos de informação. Isso envolve:

1. **Liderança Exemplar:** Os líderes devem demonstrar um compromisso genuíno com a segurança, servindo de modelo para todos os funcionários. Quando a alta administração prioriza a segurança, isso influencia positivamente o comportamento em toda a organização.

2. **Treinamento e Conscientização:** Programas de treinamento regulares e campanhas de conscientização são fundamentais para educar os funcionários sobre práticas seguras. Isso inclui ensinar sobre ameaças comuns, como phishing e engenharia social, e como respondê-las adequadamente.

3. **Comunicação Contínua:** A comunicação aberta e contínua sobre questões de segurança é crucial. Os executivos devem promover discussões sobre segurança em reuniões, boletins informativos e outros canais de comunicação internos.

4. **Incentivos e Recompensas:** Reconhecer e recompensar comportamentos que contribuem para a segurança pode motivar os funcionários a adotar práticas seguras. Isso pode incluir prêmios para equipes ou indivíduos que demonstrem excelência em segurança.

5. **Integração com Processos de Negócio:** A segurança deve ser integrada aos processos de negócios diários. Isso significa que todas as operações, desde o desenvolvimento de novos produtos até o atendimento ao cliente, devem considerar a segurança como um componente central.

EXEMPLOS DE LIDERANÇA EM SEGURANÇA

Estudos de caso de empresas que demonstraram liderança em segurança da informação podem fornecer insights valiosos:

1. **Microsoft:** A Microsoft é reconhecida por sua abordagem proativa à segurança. A empresa implementou o conceito de "Segurança em Profundidade", que envolve múltiplas camadas de defesa para proteger contra ameaças. Além disso, a Microsoft investe significativamente em pesquisas de segurança e colabora com a comunidade global para melhorar continuamente suas práticas de segurança.

2. **IBM:** A IBM tem uma longa história de inovação em segurança. A empresa utiliza inteligência artificial e machine learning para detectar e responder a ameaças em tempo real. A IBM também promove uma forte cultura de segurança, oferecendo treinamento contínuo e incentivando a colaboração entre suas equipes de segurança e outras unidades de negócios.

3. **Google:** O Google implementou um programa de "Bug Bounty", que recompensa pesquisadores de segurança por identificar e reportar vulnerabilidades em seus sistemas. Essa abordagem não apenas melhora a segurança dos produtos do Google, mas também demonstra o compromisso da empresa com a transparência e a segurança colaborativa.

Esses exemplos ilustram como a liderança em segurança da informação pode ser alcançada através de uma combinação de estratégia, investimento e cultura organizacional. Os executivos C-Level devem aprender com essas práticas e adaptar as lições às necessidades e contextos específicos de suas próprias organizações.

CAPÍTULO 3: POLÍTICAS E GOVERNANÇA

DESENVOLVIMENTO DE POLÍTICAS DE SEGURANÇA

Desenvolver políticas de segurança bem definidas é fundamental para proteger os ativos de informação de uma organização. Essas políticas devem ser claras, abrangentes e alinhadas com os objetivos de negócios. Aqui estão os passos e considerações essenciais para o desenvolvimento de políticas de segurança eficazes:

1. **Análise de Necessidades:** Identifique as necessidades específicas de segurança da organização, considerando a natureza dos dados que ela manipula, os riscos enfrentados e as exigências regulatórias aplicáveis.
2. **Envolvimento de Partes Interessadas:** Colabore com várias partes interessadas, incluindo TI, recursos humanos, jurídico, operações e alta administração, para garantir que as políticas de segurança atendam às necessidades de toda a organização.
3. **Definição de Objetivos:** Estabeleça objetivos claros para as políticas de segurança, como proteger a confidencialidade, integridade e disponibilidade dos dados, garantir a conformidade regulatória e mitigar riscos.
4. **Documentação Detalhada:** Elabore políticas detalhadas que cubram todos os aspectos críticos da segurança da informação, como controle de acesso, gestão de incidentes, proteção de dados, segurança física e cibersegurança.

5. **Comunicação e Implementação:** Comunique as políticas de segurança a todos os funcionários e partes interessadas. Ofereça treinamento para garantir que todos compreendam suas responsabilidades e saibam como seguir as políticas.

6. **Revisão e Atualização:** As políticas de segurança devem ser revisadas e atualizadas regularmente para refletir mudanças na legislação, na tecnologia e nas ameaças de segurança. Estabeleça um processo formal para a revisão periódica e a atualização das políticas.

FRAMEWORKS DE GOVERNANÇA (ISO 27001, NIST, ETC.)

Frameworks de governança fornecem uma estrutura sistemática para a gestão da segurança da informação, ajudando as organizações a alinhar suas práticas de segurança com os padrões internacionais e as melhores práticas. Aqui estão dois dos frameworks mais reconhecidos:

1. **ISO 27001:**
   - **Estrutura e Benefícios:** ISO 27001 é um padrão internacional para sistemas de gestão de segurança da informação (SGSI). Ele fornece uma abordagem baseada em processos para estabelecer, implementar, operar, monitorar, revisar, manter e melhorar a segurança da informação.
   - **Implementação:** A implementação do ISO 27001 envolve a realização de uma avaliação de riscos, a definição de controles de segurança apropriados, a documentação de um SGSI e a auditoria contínua do sistema para garantir a conformidade.
   - **Certificação:** A certificação ISO 27001 pode demonstrar aos clientes e parceiros que a organização adota as melhores práticas de segurança da informação, aumentando a confiança e a credibilidade.

2. **NIST (National Institute of Standards and Technology):**

o **Estrutura e Benefícios:** O framework NIST fornece diretrizes detalhadas para a gestão da cibersegurança. Ele é amplamente utilizado por organizações nos Estados Unidos e é compatível com várias normas internacionais.

o **Componentes Principais:** O framework NIST é composto por cinco funções principais: Identificar, Proteger, Detectar, Responder e Recuperar. Essas funções ajudam as organizações a gerenciar e reduzir o risco cibernético de forma abrangente.

o **Implementação:** A implementação do framework NIST envolve a identificação de ativos críticos, a proteção contra ameaças cibernéticas, a detecção de incidentes de segurança, a resposta a incidentes e a recuperação após incidentes.

CONFORMIDADE E REGULAMENTAÇÕES

A conformidade com regulamentações de segurança da informação é crucial para evitar penalidades legais, proteger os dados dos clientes e manter a confiança dos stakeholders. As regulamentações variam de acordo com a indústria e a localização geográfica, mas algumas das mais importantes incluem:

1. **GDPR (General Data Protection Regulation):**
   o **Escopo e Exigências:** GDPR é uma regulamentação de proteção de dados da União Europeia que se aplica a todas as organizações que processam dados pessoais de residentes da UE. As exigências incluem obter consentimento explícito para o processamento de dados, garantir o direito à privacidade dos indivíduos e notificar violações de dados em um prazo de 72 horas.
   o **Penalidades:** As violações ao GDPR podem resultar em multas significativas, até 4% da receita anual global da organização ou 20 milhões de euros, o que for maior.
2. **HIPAA (Health Insurance Portability and Accountability Act):**
   o **Escopo e Exigências:** HIPAA é uma regulamentação dos Estados Unidos que estabelece padrões para a proteção de informações de saúde protegidas (PHI). As exigências incluem a implementação de salvaguardas administrativas, físicas e técnicas para garantir a

confidencialidade, integridade e disponibilidade da PHI.

o   **Penalidades:** As violações ao HIPAA podem resultar em multas civis e criminais, dependendo da gravidade e da natureza da violação.

3. **PCI-DSS (Payment Card Industry Data Security Standard):**

o   **Escopo e Exigências:** PCI-DSS é um conjunto de requisitos de segurança para todas as entidades que armazenam, processam ou transmitem dados de cartões de pagamento. As exigências incluem a implementação de controles de acesso, a criptografia de dados de cartão e a realização de testes de vulnerabilidade.

o   **Penalidades:** A não conformidade com o PCI-DSS pode resultar em multas impostas pelas empresas de cartões de pagamento, aumento das taxas de transação e, em casos graves, a suspensão da capacidade de processar pagamentos com cartão.

Os executivos C-Level devem garantir que a organização esteja em conformidade com todas as regulamentações relevantes. Isso envolve a realização de auditorias regulares, a implementação de controles de conformidade e a manutenção de registros detalhados de todas as atividades de conformidade.

CAPÍTULO 4: GESTÃO DE RISCOS

AVALIAÇÃO E MITIGAÇÃO DE RISCOS

A gestão de riscos é uma prática essencial para a segurança da informação e envolve um processo sistemático de identificação, avaliação e mitigação de riscos potenciais que possam comprometer a integridade, confidencialidade e disponibilidade dos dados. Aqui estão as etapas principais e ferramentas eficazes para a avaliação e mitigação de riscos:

1. **Identificação de Riscos:**
   o **Inventário de Ativos:** Faça um inventário completo dos ativos de informação, incluindo hardware, software, dados e pessoal.
   o **Identificação de Ameaças:** Identifique possíveis ameaças que podem afetar os ativos, como malware, ataques cibernéticos, falhas de hardware, desastres naturais e erros humanos.
   o **Identificação de Vulnerabilidades:** Avalie as vulnerabilidades que podem ser exploradas por ameaças, como falhas de software, falta de políticas de segurança, práticas inadequadas de gerenciamento de senhas e sistemas desatualizados.
2. **Avaliação de Riscos:**
   o **Análise SWOT:** Utilize a análise SWOT (Strengths, Weaknesses, Opportunities, Threats) para identificar forças e fraquezas internas, bem como oportunidades e ameaças externas.
   o **Avaliação de Impacto:** Realize avaliações de

impacto para determinar as consequências potenciais de um incidente de segurança. Considere fatores como perda financeira, danos à reputação, interrupção de operações e penalidades legais.

o **Classificação de Riscos:** Classifique os riscos com base na probabilidade de ocorrência e no impacto potencial. Use uma matriz de risco para priorizar os riscos que precisam ser mitigados com urgência.

3. **Mitigação de Riscos:**

o **Desenvolvimento de Controles:** Desenvolva e implemente controles de segurança para mitigar os riscos identificados. Isso pode incluir controles técnicos, como firewalls e criptografia, controles administrativos, como políticas e procedimentos, e controles físicos, como segurança de acesso.

o **Planos de Ação:** Elabore planos de ação detalhados para cada risco identificado, especificando as medidas a serem tomadas, os responsáveis pela implementação e os prazos para a execução.

o **Monitoramento e Revisão:** Estabeleça um processo contínuo de monitoramento e revisão dos riscos e controles implementados. Realize auditorias regulares e revise os planos de mitigação conforme necessário para garantir sua eficácia.

PLANOS DE CONTINUIDADE DE NEGÓCIOS E RECUPERAÇÃO DE DESASTRES

Planos de continuidade de negócios (BCP) e recuperação de desastres (DRP) são essenciais para garantir que a organização possa continuar operando durante e após uma crise. Esses planos devem ser bem elaborados e testados regularmente para garantir sua eficácia. Aqui estão os principais componentes e considerações:

1. **Desenvolvimento de Planos de Continuidade de Negócios (BCP):**
   - **Análise de Impacto nos Negócios (BIA):** Realize uma BIA para identificar processos críticos de negócios e determinar o impacto potencial de interrupções. Isso ajudará a priorizar os recursos e esforços de recuperação.
   - **Estratégias de Continuidade:** Desenvolva estratégias para garantir a continuidade dos processos críticos, como redundâncias de sistemas, locais alternativos de trabalho e parcerias com fornecedores externos.
   - **Plano de Comunicação:** Estabeleça um plano de comunicação para manter os stakeholders informados durante uma crise. Isso deve incluir contatos de

emergência, canais de comunicação e procedimentos para disseminação de informações.

2. **Desenvolvimento de Planos de Recuperação de Desastres (DRP):**

o **Inventário de Recursos:** Faça um inventário completo dos recursos necessários para a recuperação, incluindo sistemas de TI, dados críticos, infraestrutura e pessoal.

o **Procedimentos de Recuperação:** Elabore procedimentos detalhados para a recuperação de sistemas e dados, incluindo backups regulares, recuperação de sistemas críticos e testes de recuperação.

o **Testes e Treinamentos:** Realize testes regulares do DRP para identificar falhas e áreas de melhoria. Ofereça treinamentos contínuos para a equipe envolvida na execução dos planos.

3. **Exemplos de Incidentes Reais e Respostas Eficazes:**

o **Ataque de Ransomware:** Um exemplo notável é o ataque de ransomware WannaCry em 2017, que afetou milhares de organizações em todo o mundo. Empresas que tinham backups atualizados e planos de resposta a incidentes bem estabelecidos conseguiram recuperar rapidamente seus sistemas.

o **Desastre Natural:** Durante o furacão Katrina em 2005, muitas empresas foram severamente impactadas. No entanto, organizações que tinham locais alternativos de trabalho e estratégias de continuidade de negócios robustas conseguiram manter suas operações.

ESTUDOS DE CASO DE GESTÃO DE RISCOS

Estudos de caso detalhados são uma ferramenta valiosa para entender como diferentes empresas abordaram a gestão de riscos, os desafios enfrentados e as lições aprendidas. Aqui estão alguns exemplos:

1. **Estudo de Caso: Empresa de Tecnologia**
   - **Desafio:** Uma empresa de tecnologia enfrentou uma ameaça interna quando um funcionário insatisfeito tentou roubar dados sensíveis.
   - **Abordagem:** A empresa implementou uma política de segurança rigorosa, incluindo monitoramento contínuo de atividades de funcionários e restrições de acesso baseadas em função.
   - **Resultado:** A ameaça foi detectada e mitigada rapidamente, evitando a perda de dados e protegendo a integridade da empresa.

2. **Estudo de Caso: Instituição Financeira**
   - **Desafio:** Uma instituição financeira sofreu um ataque de phishing direcionado que comprometia informações de clientes.
   - **Abordagem:** A instituição realizou uma análise de risco detalhada, implementou um programa de treinamento de conscientização de segurança para funcionários e clientes e aprimorou os controles de acesso e autenticação.
   - **Resultado:** A instituição conseguiu reduzir

significativamente a taxa de ataques de phishing bem-sucedidos e melhorar a segurança das informações dos clientes.

3. **Estudo de Caso: Empresa de Saúde**

o   **Desafio:** Uma empresa de saúde precisava garantir a conformidade com regulamentações como HIPAA e proteger informações de saúde sensíveis.

o   **Abordagem:** A empresa implementou um SGSI (Sistema de Gestão de Segurança da Informação) baseado na ISO 27001, incluindo avaliações de risco regulares, controles de acesso rigorosos e auditorias de conformidade.

o   **Resultado:** A empresa conseguiu manter a conformidade com a HIPAA, proteger dados sensíveis e melhorar a confiança dos pacientes.

CAPÍTULO 5: ESTRATÉGIAS DE IMPLEMENTAÇÃO DE SEGURANÇA

TECNOLOGIAS E FERRAMENTAS ESSENCIAIS

Implementar uma estratégia de segurança eficaz exige a utilização de tecnologias e ferramentas que ofereçam proteção abrangente contra diversas ameaças. Aqui estão algumas das tecnologias e ferramentas essenciais que devem ser consideradas:

1. **Firewalls:**
   - **Definição e Importância:** Firewalls são dispositivos de segurança que monitoram e controlam o tráfego de rede com base em regras de segurança pré-determinadas. Eles atuam como uma barreira entre redes internas seguras e redes externas, como a internet.
   - **Tipos de Firewalls:** Existem vários tipos de firewalls, incluindo firewalls de filtragem de pacotes, firewalls de inspeção de estado, firewalls de aplicação (WAF), e firewalls de próxima geração (NGFW), que oferecem funcionalidades avançadas como inspeção profunda de pacotes e prevenção de intrusões.

2. **Sistemas de Detecção e Prevenção de Intrusão (IDS/IPS):**
   - **IDS (Intrusion Detection Systems):** Sistemas de detecção de intrusão monitoram a rede e os sistemas em busca de atividades suspeitas e possíveis violações de políticas de segurança. Eles alertam os administradores sobre potenciais ameaças.

- **IPS (Intrusion Prevention Systems):** Sistemas de prevenção de intrusão não apenas detectam ameaças, mas também tomam ações para prevenir a ocorrência de ataques, como bloquear tráfego malicioso ou reiniciar serviços comprometidos.

3. **Criptografia:**

- **Importância da Criptografia:** A criptografia é fundamental para proteger a confidencialidade e a integridade dos dados em trânsito e em repouso. Ela garante que apenas as partes autorizadas possam acessar e modificar os dados.

- **Tipos de Criptografia:** A criptografia pode ser simétrica (chave única) ou assimétrica (chave pública e chave privada). Protocolos como SSL/TLS para a criptografia de dados em trânsito e AES para dados em repouso são amplamente utilizados.

4. **Ferramentas de Monitoramento e Gerenciamento de Segurança:**

- **SIEM (Security Information and Event Management):** Ferramentas de SIEM coletam, analisam e correlacionam dados de eventos de segurança de várias fontes para identificar padrões e detectar incidentes de segurança.

- **Sistemas de Gerenciamento de Patches:** Ferramentas que garantem que todos os sistemas e software estejam atualizados com as últimas correções de segurança para minimizar vulnerabilidades.

INTEGRAÇÃO DE SEGURANÇA EM PROCESSOS DE NEGÓCIOS

Integrar a segurança nos processos de negócios desde o início é uma prática essencial para prevenir vulnerabilidades e garantir que a segurança não seja vista como um obstáculo para a inovação. Aqui estão algumas abordagens para alcançar isso:

1. **Práticas de DevSecOps:**
   - **Definição e Benefícios:** DevSecOps é a integração da segurança no ciclo de vida de desenvolvimento de software (SDLC). Ele garante que a segurança seja considerada em todas as fases do desenvolvimento, desde o planejamento até a implementação e manutenção.
   - **Automatização de Segurança:** Utilizar ferramentas de automação para realizar testes de segurança contínuos, como análise de código estático (SAST), análise de código dinâmico (DAST) e verificação de vulnerabilidades de dependências de software.

2. **Segurança por Design:**
   - **Princípios de Segurança por Design:** Projetar sistemas com a segurança em mente desde o início, incorporando princípios como o menor privilégio, defesa em profundidade e separação de funções.
   - **Modelagem de Ameaças:** Realizar modelagem de ameaças durante a fase de design para identificar e mitigar riscos potenciais antes que o sistema seja implementado.

3. **Educação e Treinamento:**

o   **Capacitação Contínua:** Oferecer treinamento contínuo para desenvolvedores, administradores de sistema e outros stakeholders sobre as melhores práticas de segurança e novas ameaças.

o   **Cultura de Segurança:** Promover uma cultura organizacional que priorize a segurança em todas as atividades de negócios, incentivando a colaboração entre equipes de desenvolvimento, operações e segurança.

SEGURANÇA NA NUVEM E AMBIENTES HÍBRIDOS

Com a crescente adoção de soluções de nuvem e ambientes híbridos, garantir a segurança nesses contextos é fundamental para proteger os dados e manter a conformidade com as regulamentações. Aqui estão algumas considerações importantes:

1. **Políticas de Segurança Específicas para a Nuvem:**
   - **Configurações Seguras:** Assegurar que as configurações de segurança dos serviços de nuvem estejam corretas, incluindo o uso de controles de acesso baseados em função (RBAC) e políticas de identidade e acesso (IAM).
   - **Criptografia na Nuvem:** Utilizar criptografia para proteger dados armazenados e em trânsito na nuvem. Ferramentas de gerenciamento de chaves (KMS) podem ajudar a gerenciar chaves de criptografia de forma segura.

2. **Ferramentas de Monitoramento e Auditoria:**
   - **Monitoramento Contínuo:** Implementar soluções de monitoramento contínuo para detectar atividades suspeitas e anomalias nos ambientes de nuvem.
   - **Auditoria e Conformidade:** Realizar auditorias regulares para garantir que as políticas de segurança e as práticas de conformidade estejam sendo seguidas. Utilizar ferramentas de conformidade específicas da nuvem para ajudar a manter a conformidade com

regulamentações como GDPR, HIPAA e PCI-DSS.

3. **Gerenciamento de Identidades e Acessos (IAM):**

o   **IAM na Nuvem:** Implementar soluções de IAM que permitam o controle granular de acesso a recursos de nuvem. Isso inclui a definição de políticas de acesso baseadas em princípios de menor privilégio e autenticação multifator (MFA).

o   **Segurança em Ambientes Híbridos:** Garantir que as políticas de IAM sejam consistentes em ambientes híbridos, onde recursos locais e de nuvem são utilizados em conjunto.

CAPÍTULO 6: SEGURANÇA E INOVAÇÃO

IMPACTO DA TRANSFORMAÇÃO DIGITAL

A transformação digital está revolucionando a maneira como as empresas operam, oferecendo novas oportunidades para melhorar a eficiência, a experiência do cliente e a competitividade. No entanto, essa transformação também introduz novos desafios para a segurança da informação. Tecnologias emergentes como a Internet das Coisas (IoT), Inteligência Artificial (IA) e Blockchain estão mudando o cenário da cibersegurança, exigindo abordagens inovadoras para garantir a proteção dos dados.

- **Internet das Coisas (IoT):** Com bilhões de dispositivos conectados, a IoT amplia significativamente a superfície de ataque, criando inúmeras oportunidades para invasores explorarem vulnerabilidades. Dispositivos IoT muitas vezes possuem segurança inadequada, o que pode levar a compromissos de segurança em larga escala.

- **Inteligência Artificial (IA):** A IA oferece ferramentas poderosas para detectar e responder a ameaças cibernéticas, mas também pode ser usada por atacantes para criar ataques mais sofisticados. A IA precisa ser protegida contra manipulação e ataques adversariais.

- **Blockchain:** Blockchain promete maior segurança e transparência nas transações, mas também enfrenta desafios como vulnerabilidades em contratos inteligentes e ataques de 51%. Garantir a segurança em sistemas baseados em blockchain é crucial para manter a confiança e a integridade dos dados.

SEGURANÇA EM IOT, IA E BLOCKCHAIN

Cada uma dessas tecnologias emergentes apresenta riscos únicos que exigem medidas de segurança específicas. Abaixo, exploramos as melhores práticas para proteger cada uma dessas inovações.

Internet das Coisas (IoT):

- **Melhores Práticas:** Implementar autenticação robusta e gerenciamento de identidade para dispositivos IoT. Utilizar criptografia para proteger dados em trânsito e em repouso. Realizar atualizações regulares de firmware e monitorar continuamente os dispositivos para detectar comportamentos anômalos.

- **Estudo de Caso:** Uma empresa de manufatura implementou uma rede de sensores IoT para monitorar a eficiência de suas operações. Ao adotar uma abordagem de segurança por design, incluindo a segmentação de rede e criptografia de dados, eles conseguiram reduzir significativamente o risco de ataques cibernéticos.

Inteligência Artificial (IA):

- **Melhores Práticas:** Integrar a segurança ao ciclo de vida do desenvolvimento da IA, garantindo que os modelos sejam treinados e testados para resistir a ataques adversariais. Proteger os dados usados para treinar os modelos de IA para evitar a introdução de dados maliciosos. Monitorar continuamente os sistemas de IA para detectar e responder a comportamentos anômalos.

- **Estudo de Caso:** Uma empresa de segurança cibernética desenvolveu um sistema de detecção de intrusão baseado em IA. Para proteger o sistema, eles implementaram medidas como a verificação de integridade dos dados de treinamento e a utilização de técnicas de aprendizado de máquina explicáveis para identificar e corrigir vulnerabilidades.

Blockchain:

- **Melhores Práticas:** Implementar auditorias regulares de contratos inteligentes para identificar e corrigir vulnerabilidades. Utilizar técnicas de criptografia avançadas para proteger transações e dados armazenados no blockchain. Estabelecer políticas claras para o gerenciamento de chaves criptográficas.
- **Estudo de Caso:** Uma plataforma de comércio eletrônico adotou o blockchain para gerenciar transações financeiras. Eles implementaram auditorias regulares de contratos inteligentes e utilizaram algoritmos de consenso robustos para garantir a integridade e a segurança das transações.

PROTEGER INOVAÇÕES TECNOLÓGICAS

Garantir que a inovação não comprometa a segurança é um equilíbrio delicado. Políticas claras e práticas de segurança integradas ao processo de desenvolvimento podem ajudar a proteger as inovações tecnológicas sem inibir o progresso. Aqui estão algumas estratégias para alcançar esse equilíbrio:

- **Segurança por Design:** Adotar uma abordagem de segurança por design garante que a segurança seja considerada em todas as fases do desenvolvimento de novos produtos e tecnologias. Isso inclui realizar avaliações de risco, modelagem de ameaças e testes de segurança contínuos.

- **Cultura de Segurança:** Fomentar uma cultura organizacional que priorize a segurança é fundamental para garantir que todos os funcionários, desde desenvolvedores até executivos, entendam a importância da segurança e sigam as melhores práticas.

- **Educação e Treinamento Contínuos:** Oferecer programas de educação e treinamento contínuos para todos os funcionários ajuda a manter a equipe atualizada sobre as últimas ameaças e práticas de segurança. Isso inclui treinamentos específicos para desenvolvedores sobre como integrar segurança no desenvolvimento de software.

- **Colaboração e Compartilhamento de Informações:** Colaborar com outras organizações e participar de iniciativas de compartilhamento de informações sobre ameaças pode ajudar a melhorar a postura de segurança. Isso permite que as empresas aprendam com as experiências umas das outras e adotem práticas comprovadas.

CAPÍTULO 7: COMUNICAÇÃO E TREINAMENTO

ENVOLVIMENTO DOS COLABORADORES

Os colaboradores são frequentemente considerados o elo mais fraco na cadeia de segurança da informação, mas com o treinamento adequado, eles podem se tornar a primeira linha de defesa mais eficaz. O envolvimento dos colaboradores na segurança da informação começa com a criação de uma cultura organizacional que valorize e priorize a segurança.

Dicas Práticas:

- **Educação Contínua:** Ofereça treinamentos regulares sobre cibersegurança, atualizando os funcionários sobre as últimas ameaças e melhores práticas. Utilize módulos de e-learning, workshops e simulações práticas para tornar o aprendizado mais interativo e eficaz.
- **Incentivo ao Relato de Incidentes:** Estabeleça canais claros e seguros para que os colaboradores possam relatar atividades suspeitas ou possíveis violações de segurança sem medo de represálias. Recompense os funcionários que identificarem e relatarem ameaças de forma proativa.
- **Engajamento em Toda a Empresa:** Envolva todos os departamentos e níveis hierárquicos na segurança da informação. Realize reuniões regulares para discutir questões de segurança e incentivar a participação ativa de todos os funcionários.

Programas de Treinamento e Conscientização

Programas de treinamento e conscientização são essenciais para capacitar os funcionários a reconhecer e responder adequadamente às ameaças cibernéticas. Um programa eficaz deve ser contínuo e adaptável às mudanças no cenário de ameaças.

Dicas Práticas:

- **Diversificação dos Métodos de Treinamento:** Utilize uma variedade de métodos de treinamento, incluindo vídeos, quizzes, simulações de phishing e sessões presenciais, para manter o conteúdo interessante e acessível a todos os funcionários.
- **Conteúdo Relevante e Atualizado:** Garanta que o material de treinamento seja relevante para as funções específicas dos funcionários e esteja sempre atualizado com as últimas tendências e ameaças. Incorpore estudos de caso reais para ilustrar a importância das práticas de segurança.
- **Medição e Melhoria Contínua:** Avalie a eficácia dos programas de treinamento através de testes e feedback dos participantes. Utilize essas informações para melhorar continuamente o conteúdo e a entrega dos treinamentos.

Comunicação Efetiva sobre Segurança

Uma comunicação clara e eficaz sobre segurança é fundamental para garantir que todos na organização compreendam a importância da segurança da informação e saibam como contribuir para a proteção dos ativos da empresa.

Dicas Práticas:

- **Transparência e Clareza:** Comunique as políticas de segurança de forma transparente e clara, evitando jargões técnicos sempre que possível. Use exemplos práticos para ilustrar conceitos complexos e garantir que todos os funcionários compreendam as expectativas.
- **Canais de Comunicação Diversificados:** Utilize

diferentes canais de comunicação, como e-mails, intranet, boletins informativos, reuniões de equipe e aplicativos de comunicação corporativa, para alcançar todos os funcionários de maneira eficaz.

- **Campanhas de Conscientização:** Realize campanhas de conscientização regulares, como a "Semana da Segurança da Informação", para manter a segurança em destaque e reforçar a importância contínua de práticas seguras. Inclua palestras de especialistas, workshops interativos e desafios de segurança com prêmios para incentivar a participação.

Exemplo de Estratégia de Comunicação Bem-Sucedida:

- **Caso da Empresa XYZ:** A Empresa XYZ implementou uma campanha de conscientização de segurança trimestral que incluía newsletters, vídeos educativos e simulações de phishing. Eles também instituíram um programa de "Embaixadores de Segurança" onde funcionários de diferentes departamentos foram treinados para atuar como recursos de segurança e ajudar a disseminar informações e práticas seguras. Como resultado, a empresa observou uma redução significativa nos incidentes de segurança e um aumento na detecção precoce de ameaças por parte dos funcionários.

CAPÍTULO 8: RESPOSTA A INCIDENTES E GESTÃO DE CRISES

PLANOS DE RESPOSTA A INCIDENTES

Um plano de resposta a incidentes é essencial para minimizar os impactos de um incidente de segurança e garantir uma recuperação rápida e eficaz. Esse plano deve ser detalhado, bem estruturado e adaptado às necessidades específicas da organização.

Dicas Práticas:

- **Definição de Procedimentos:** Elabore procedimentos claros para identificar, conter, erradicar e recuperar de incidentes de segurança. Inclua etapas específicas para diferentes tipos de incidentes, como violações de dados, ataques de malware e comprometimentos de contas.
- **Designação de Responsabilidades:** Especifique as responsabilidades de cada membro da equipe durante um incidente. Defina quem será responsável pela comunicação interna e externa, quem coordenará a resposta técnica e quem lidará com aspectos legais e de conformidade.
- **Treinamento e Testes:** Realize treinamentos regulares e exercícios simulados para garantir que todos saibam como reagir durante um incidente real. Teste o plano periodicamente para identificar e corrigir falhas.

Equipes de Resposta a Incidentes (CSIRT)

As equipes especializadas em resposta a incidentes, conhecidas como Computer Security Incident Response Teams (CSIRT), são fundamentais para a gestão eficaz de crises de segurança. Estas equipes são compostas por profissionais qualificados que são responsáveis por coordenar e executar as atividades de resposta a incidentes.

Dicas Práticas:

- **Estrutura da Equipe:** Defina uma estrutura clara para o CSIRT, incluindo membros permanentes e consultores externos, se necessário. A equipe deve incluir especialistas em segurança, analistas de dados, especialistas em comunicação e representantes legais.
- **Funções e Responsabilidades:** Atribua funções específicas dentro do CSIRT, como líder da equipe, coordenador de resposta, analista de incidentes e oficial de comunicação. Cada membro deve ter um entendimento claro de suas responsabilidades e da hierarquia de comando durante um incidente.
- **Coordenação e Colaboração:** Estabeleça protocolos de coordenação e colaboração dentro do CSIRT e com outras partes interessadas, como fornecedores de serviços de segurança e autoridades regulatórias. Use ferramentas de comunicação seguras e eficazes para garantir a troca de informações em tempo real.

Comunicação em Situações de Crise

A comunicação eficaz durante uma crise de segurança é crucial para controlar a situação, manter a confiança dos stakeholders e minimizar danos à reputação da organização. Uma abordagem bem planejada e executada pode fazer a diferença entre uma recuperação tranquila e um desastre de relações públicas.

Dicas Práticas:

- **Plano de Comunicação de Crise:** Desenvolva um plano de comunicação de crise que inclua mensagens chave, canais de comunicação e responsabilidades designadas. Defina como e quando as informações serão divulgadas internamente e externamente.

- **Transparência e Confiança:** Mantenha a transparência ao comunicar sobre incidentes de segurança. Forneça informações precisas e atualizações regulares para os stakeholders, evitando a disseminação de rumores e desinformação.
- **Exemplos de Boas Práticas:** Estude exemplos de empresas que gerenciaram crises de segurança de forma eficaz. A Target, por exemplo, adotou uma abordagem proativa após sua violação de dados, comunicando rapidamente com os clientes e implementando medidas corretivas, o que ajudou a restaurar a confiança do consumidor.

Exemplo de Gestão de Crises:

- **Caso da Equifax:** A Equifax sofreu uma das maiores violações de dados da história, afetando cerca de 147 milhões de pessoas. A empresa foi criticada pela sua resposta inicial lenta e confusa. Um estudo detalhado deste caso pode fornecer lições valiosas sobre a importância de uma resposta rápida, coordenada e transparente em crises de segurança.

Conclusão

Gerenciar incidentes de segurança e crises requer um planejamento cuidadoso, equipes especializadas e comunicação eficaz. Implementar um plano de resposta a incidentes bem estruturado, formar e treinar um CSIRT competente e adotar práticas de comunicação transparente pode significativamente reduzir os impactos negativos e facilitar a recuperação da organização após um incidente.

CAPÍTULO 9: MEDINDO O SUCESSO

INDICADORES DE DESEMPENHO (KPIS)

Medir o sucesso das iniciativas de segurança da informação é crucial para entender o impacto das estratégias implementadas e identificar áreas que necessitam de melhorias. Os Indicadores de Desempenho (KPIs) específicos para a segurança da informação fornecem métricas objetivas que ajudam a avaliar a eficácia das medidas de segurança.

Dicas Práticas:

- **Definição de KPIs Relevantes:** Identifique KPIs que estejam alinhados com os objetivos de segurança e de negócios da organização. Exemplos incluem:
  - **Número de Incidentes de Segurança:** Quantidade de incidentes detectados em um determinado período.
  - **Tempo de Resposta a Incidentes:** Tempo médio para detectar, conter e resolver um incidente de segurança.
  - **Taxa de Falsos Positivos/Negativos:** Proporção de alertas de segurança que foram identificados incorretamente.
  - **Conformidade com Políticas de Segurança:** Percentual de adesão às políticas e procedimentos de segurança internos.
  - **Eficácia do Treinamento de Segurança:** Avaliação da melhoria na conscientização dos colaboradores após sessões de treinamento.
- **Coleta e Análise de Dados:** Utilize ferramentas de

monitoramento e análise para coletar dados precisos e em tempo real sobre os KPIs. Ferramentas como SIEM (Security Information and Event Management) podem ajudar a consolidar e analisar dados de diversas fontes.

- **Benchmarking:** Compare os KPIs com benchmarks da indústria para avaliar o desempenho relativo da organização. Isso pode ajudar a identificar áreas onde a organização está abaixo da média e necessita de melhorias.

Relatórios e Auditorias de Segurança

Relatórios regulares e auditorias de segurança são componentes essenciais para manter a transparência, garantir a conformidade e fornecer insights sobre a eficácia das estratégias de segurança.

Dicas Práticas:

- **Relatórios de Segurança:** Desenvolva relatórios de segurança detalhados que incluam análises de incidentes, status de conformidade, resultados de auditorias internas e externas, e tendências de ameaças. Certifique-se de que os relatórios sejam compreensíveis para diferentes stakeholders, incluindo executivos C-Level e técnicos de TI.
- **Frequência dos Relatórios:** Estabeleça uma frequência regular para a geração de relatórios de segurança, como mensais, trimestrais e anuais. Relatórios frequentes ajudam a manter a alta direção informada e permitem ajustes rápidos nas estratégias de segurança.
- **Auditorias de Segurança:** Realize auditorias de segurança periódicas para avaliar a conformidade com políticas, procedimentos e regulamentações. Auditorias internas e externas são importantes para identificar falhas e áreas de risco.
  - **Auditorias Internas:** Conduzidas por equipes internas de segurança ou de auditoria, estas avaliações ajudam a identificar e corrigir problemas antes que possam ser explorados.
  - **Auditorias Externas:** Auditorias realizadas por

terceiros independentes podem fornecer uma visão imparcial e identificar áreas que podem ter sido negligenciadas pelas equipes internas.

Melhorias Contínuas

A segurança da informação é um processo dinâmico que requer ajustes e melhorias contínuas para se manter eficaz diante de novas ameaças e tecnologias emergentes.

Dicas Práticas:

- **Estruturas de Feedback:** Estabeleça mecanismos de feedback contínuos para coletar informações dos colaboradores, stakeholders e especialistas externos. Utilize essas informações para identificar novas ameaças e oportunidades de melhoria.
- **Revisões Regulares:** Realize revisões regulares das políticas, procedimentos e controles de segurança para garantir que estão atualizados e eficazes. Considere as mudanças no ambiente de ameaças, novas tecnologias e alterações na estrutura organizacional.
- **Programas de Melhoria Contínua:** Implemente programas de melhoria contínua que incentivem a inovação e a adaptação. Use metodologias como PDCA (Plan-Do-Check-Act) para orientar o processo de melhoria contínua.

Conclusão

Medir o sucesso das iniciativas de segurança da informação através de KPIs, relatórios e auditorias é fundamental para manter a eficácia das medidas de proteção. Adotar uma abordagem de melhoria contínua garante que a organização esteja sempre preparada para enfrentar novas ameaças e se adaptar a mudanças no ambiente de negócios e tecnologia.

CAPÍTULO 10: O FUTURO DA SEGURANÇA DA INFORMAÇÃO

TENDÊNCIAS E PREVISÕES

O campo da segurança da informação está em constante evolução, impulsionado por avanços tecnológicos e mudanças nas ameaças cibernéticas. Para que os executivos C-Level estejam preparados para o futuro, é essencial que compreendam as principais tendências emergentes que estão moldando o cenário da segurança cibernética.

1. Aumento do Uso de Inteligência Artificial e Machine Learning: A inteligência artificial (IA) e o machine learning estão revolucionando a forma como as ameaças são detectadas e mitigadas. Estas tecnologias permitem a análise de grandes volumes de dados em tempo real, identificando padrões e comportamentos anômalos que poderiam passar despercebidos pelos métodos tradicionais.

- **Aplicações Práticas:** Implementar sistemas de IA para monitoramento contínuo e análise preditiva pode melhorar a capacidade de detectar ameaças antes que elas causem danos significativos. Ferramentas baseadas em IA podem automatizar a resposta a incidentes e ajustar dinamicamente as políticas de segurança com base em novas informações.

2. Crescimento da Tecnologia Blockchain: A tecnologia blockchain está ganhando destaque como uma solução para assegurar a integridade das transações e proteger dados contra adulteração. O uso de blockchain pode garantir que os registros e transações sejam transparentes e imutáveis.

- **Aplicações Práticas:** Utilizar blockchain para auditoria e rastreamento de dados pode adicionar uma camada adicional de segurança para transações financeiras e registros críticos. Além disso, blockchain pode ser usado para fortalecer a autenticação e a integridade de sistemas e processos.

3. Expansão da Internet das Coisas (IoT): Com a crescente adoção de dispositivos IoT, surgem novos vetores de ataque que precisam ser geridos de forma eficaz. A conexão de dispositivos inteligentes em redes corporativas expõe as organizações a riscos adicionais se esses dispositivos não forem adequadamente protegidos.

- **Aplicações Práticas:** Implementar políticas de segurança específicas para IoT, como segmentação de rede e autenticação forte, é crucial para proteger dispositivos e dados. Além disso, a integração de soluções de segurança IoT pode monitorar e responder a ameaças específicas desses dispositivos.

4. Trabalho Remoto e BYOD (Bring Your Own Device): O aumento do trabalho remoto e o uso de dispositivos pessoais para fins corporativos exigem novas abordagens para garantir a segurança fora dos perímetros tradicionais. A gestão de dispositivos e a proteção de dados em ambientes descentralizados são essenciais.

- **Aplicações Práticas:** Adotar soluções de gerenciamento de dispositivos móveis (MDM) e políticas de segurança baseadas em nuvem pode ajudar a proteger dados e manter a conformidade com os regulamentos de segurança. Implementar autenticação multifatorial e criptografia de dados também é fundamental para garantir a segurança em ambientes de trabalho remoto.

Preparando-se para Novas Ameaças

À medida que as ameaças cibernéticas evoluem, as organizações devem adotar uma postura proativa para se preparar para os desafios emergentes. Aqui estão algumas abordagens para se manter à frente das ameaças:

1. Implementação de Programas Contínuos de Avaliação de Ameaças: Realizar avaliações regulares de ameaças permite identificar e abordar vulnerabilidades antes que possam ser exploradas por atacantes. Esses programas devem incluir simulações de ataques, avaliações de risco e análises de impacto.

- **Aplicações Práticas:** Estabeleça um cronograma para avaliações regulares de ameaças e vulnerabilidades, e utilize ferramentas e técnicas de pen test (teste de penetração) para simular ataques e testar a robustez das defesas.

2. Atualização Regular das Defesas Cibernéticas: Manter as defesas cibernéticas atualizadas é essencial para enfrentar novas ameaças. Isso inclui a aplicação de patches e atualizações de software, bem como a adoção de novas tecnologias de segurança.

- **Aplicações Práticas:** Implemente uma estratégia de gerenciamento de patches para garantir que todas as atualizações de segurança sejam aplicadas de forma oportuna. Além disso, revise e atualize regularmente as políticas e controles de segurança para refletir novas ameaças e vulnerabilidades.

3. Investimento em Inteligência de Ameaças e Parcerias: Investir em inteligência de ameaças permite acessar informações sobre novas ameaças e tendências emergentes. Formar parcerias com outras empresas e organizações de segurança também pode fornecer insights valiosos e melhorar a capacidade de resposta a incidentes.

- **Aplicações Práticas:** Assine feeds de inteligência de ameaças e participe de grupos e fóruns de segurança cibernética para trocar informações sobre ameaças e melhores práticas. Colabore com outras organizações para compartilhar informações e recursos de segurança.

4. Criação de um Ambiente de Segurança Ágil e Adaptável: A capacidade de adaptação rápida é fundamental para enfrentar ameaças emergentes. Um ambiente de segurança ágil permite ajustar rapidamente as estratégias e controles de segurança conforme necessário.

- **Aplicações Práticas:** Estabeleça uma estrutura de governança de segurança flexível e adote práticas de desenvolvimento ágil para incorporar rapidamente melhorias e ajustes nas estratégias de segurança.

INOVAÇÕES E OPORTUNIDADES

A inovação tecnológica oferece oportunidades para fortalecer a segurança da informação e melhorar as defesas contra ameaças cibernéticas. As seguintes inovações são particularmente promissoras:

1. Autenticação Multifatorial Avançada: A autenticação multifatorial (MFA) avançada oferece uma camada adicional de segurança ao exigir múltiplos métodos de verificação antes de conceder acesso a sistemas e dados sensíveis.

- **Aplicações Práticas:** Implemente soluções de MFA que integrem biometria, tokens de hardware e autenticação baseada em risco para aumentar a segurança de acessos críticos e reduzir o risco de comprometer credenciais.

2. Criptografia Quântica: A criptografia quântica promete revolucionar a proteção de dados com técnicas de criptografia baseadas na mecânica quântica, que oferecem uma segurança muito maior em comparação com métodos tradicionais.

- **Aplicações Práticas:** Explore a viabilidade da criptografia quântica para proteger dados sensíveis e garantir a segurança das comunicações em ambientes de alta segurança.

3. Automação e Orquestração de Segurança: A automação e a orquestração de segurança ajudam a reduzir a carga de trabalho manual e permitem uma resposta mais rápida e precisa a incidentes de segurança.

- **Aplicações Práticas:** Adote soluções de automação para tarefas repetitivas e processos de resposta a incidentes. Utilize plataformas de orquestração para integrar diferentes ferramentas de segurança e coordenar respostas a ameaças.

Conclusão

O futuro da segurança da informação é moldado por avanços tecnológicos e mudanças nas ameaças cibernéticas. Estar ciente das tendências emergentes, preparar-se para novas ameaças e explorar inovações pode ajudar as organizações a manter uma postura de segurança robusta e adaptável. A adaptação contínua e a adoção de novas tecnologias são essenciais para proteger os ativos da informação e garantir a segurança em um ambiente em constante evolução.

CONCLUSÃO

RESUMO DOS PONTOS PRINCIPAIS

Este livro forneceu uma visão abrangente sobre a segurança da informação, destacando a importância de um envolvimento ativo dos executivos C-Level na proteção dos ativos digitais e físicos da organização. Ao longo dos capítulos, exploramos os seguintes aspectos fundamentais:

1. **Definição e Escopo da Segurança da Informação:** A segurança da informação é um conjunto de práticas e estratégias projetadas para proteger dados contra acesso não autorizado, uso, divulgação, interrupção, modificação ou destruição. Este conceito abrange tanto informações digitais quanto físicas, e é crucial para manter a confidencialidade, integridade e disponibilidade dos dados.

2. **Principais Ameaças e Vulnerabilidades:** Discutimos as diversas ameaças à segurança da informação, que podem ser internas ou externas, incluindo malware, ransomware, phishing, espionagem corporativa, e vulnerabilidades de software. Compreender essas ameaças é essencial para desenvolver defesas adequadas.

3. **Responsabilidades e Envolvimento do C-Level:** Os executivos C-Level, como CEOs, CFOs e CIOs, são responsáveis por garantir que a segurança da informação seja uma prioridade na organização. Eles devem participar ativamente da formulação de

políticas de segurança e alocação de recursos.

4. **Cultura de Segurança Corporativa:** Criar e manter uma cultura de segurança envolve promover comportamentos que priorizem a proteção dos dados em todos os níveis da organização. Isso exige liderança exemplar e comunicação constante.

5. **Políticas e Governança:** Políticas de segurança bem definidas são essenciais para proteger ativos de informação. Frameworks de governança, como ISO 27001 e NIST, fornecem estruturas que ajudam a garantir que as práticas de segurança estejam alinhadas com padrões internacionais e melhores práticas.

6. **Gestão de Riscos:** A gestão de riscos envolve a identificação, avaliação e mitigação de riscos potenciais. Planos de continuidade de negócios e recuperação de desastres são fundamentais para garantir a operação contínua durante e após uma crise.

7. **Estratégias de Implementação de Segurança:** Tecnologias como firewalls, sistemas de detecção de intrusão e criptografia são essenciais para uma estratégia de segurança robusta. A integração da segurança nos processos de negócios e a proteção em ambientes de nuvem são também cruciais.

8. **Segurança e Inovação:** A transformação digital e a adoção de novas tecnologias, como IoT, IA e blockchain, trazem novos desafios e oportunidades. Adotar práticas de segurança inovadoras e manter-se atualizado sobre novas tecnologias é vital para proteger as inovações tecnológicas.

9. **Comunicação e Treinamento:** Envolver colaboradores e implementar programas de treinamento e conscientização são fundamentais para manter a segurança da informação. Uma comunicação eficaz sobre a importância da segurança ajuda a garantir a adesão de todos os níveis da organização.

10. **Resposta a Incidentes e Gestão de Crises:** Um plano de resposta a incidentes bem definido e equipes especializadas em resposta a crises são essenciais para minimizar danos e recuperar rapidamente após um incidente de segurança.

11. **Medindo o Sucesso:** A medição do sucesso das iniciativas de segurança por meio de KPIs, relatórios e auditorias de segurança é crucial para avaliar a eficácia das práticas e identificar áreas de melhoria.

12. **O Futuro da Segurança da Informação:** As tendências emergentes, como o uso de IA e machine learning, a expansão da IoT e o trabalho remoto, exigem uma preparação contínua e a adoção de novas tecnologias para enfrentar as ameaças futuras.

CHAMADO À AÇÃO PARA O C-LEVEL

Os executivos C-Level têm um papel vital na proteção dos ativos de informação de suas organizações. Este livro serve como um guia para entender melhor suas responsabilidades e implementar práticas eficazes de segurança. É essencial que os líderes tomem medidas concretas para integrar a segurança da informação em suas estratégias corporativas, alocar recursos adequados e fomentar uma cultura de segurança em todos os níveis da organização. A segurança não deve ser vista como uma tarefa isolada, mas como um aspecto fundamental da estratégia empresarial.

REFLEXÕES FINAIS

A segurança da informação é uma jornada contínua e dinâmica, repleta de desafios e oportunidades. À medida que as ameaças evoluem e as tecnologias avançam, as organizações devem permanecer vigilantes e adaptáveis. O papel do C-Level é fundamental para liderar essa jornada, garantindo que a segurança da informação seja uma prioridade estratégica e uma parte integrante da cultura organizacional. Com o conhecimento e as ferramentas apresentadas neste livro, os executivos estão bem preparados para enfrentar os desafios de segurança do presente e do futuro. Adotar uma postura proativa e adaptável permitirá às empresas proteger seus ativos, manter a confiança dos stakeholders e assegurar um crescimento sustentável e seguro.

ESTUDO DE CASO 1: A TENTATIVA DE EXTORSÃO E A RESOLUÇÃO EFICAZ

CONTEXTO DO CASO

Recentemente, nossa empresa se deparou com uma tentativa de extorsão sofisticada, que se disfarçava como uma oferta de serviços de segurança. O cenário envolveu um indivíduo que se apresentou como um especialista em segurança cibernética e alegou ter descoberto uma falha crítica em nosso sistema. Este indivíduo ofereceu um serviço para corrigir a suposta vulnerabilidade, mas a verdadeira intenção era extorquir a empresa.

DESENVOLVIMENTO DA SITUAÇÃO

O atacante fez uma proposta inicial para vender um serviço no valor de vinte mil reais, alegando que essa quantia cobriria a correção da falha que ele havia identificado. No entanto, uma análise preliminar da proposta revelou que o verdadeiro objetivo não era oferecer um serviço legítimo, mas sim extorquir dinheiro da empresa. As ameaças incluíam a divulgação de informações confidenciais da empresa, o que demandava uma resposta estratégica e bem planejada.

Para lidar com a situação, nossa equipe desenvolveu uma estratégia tática. Criamos um cenário fictício em que um colaborador da empresa, denominado "João," entraria em contato com o atacante. A abordagem envolvia criar a impressão de que a empresa estava interessada em seu serviço e disposta a negociar um acordo.

INTERAÇÃO COM O ATACANTE

Durante as interações com o atacante, ficou evidente que ele estava empregando táticas de manipulação e não possuía o conhecimento técnico que alegava. Ele mencionou a ameaça de infectar toda a rede da empresa com um vírus chamado "Hansonware," mas ao detalhar suas intenções e métodos, tornou-se claro que ele não compreendia adequadamente o funcionamento desse tipo de ataque. Essa discrepância revelou que suas ameaças eram infundadas e, portanto, menos preocupantes do que inicialmente aparentavam.

RESOLUÇÃO E MEDIDAS ADICIONAIS

Com base nas informações coletadas e na avaliação da situação, nossa equipe decidiu implementar uma abordagem adicional para desarmar a tentativa de extorsão. Oferecemos ao atacante a possibilidade de participar de um programa de recompensas por vulnerabilidades, no qual ele poderia ser recompensado com base na criticidade das falhas relatadas. Para participar, o atacante precisava assinar um contrato e realizar um escaneamento facial.

Essa estratégia tinha múltiplos objetivos. Primeiro, desviava o foco do atacante, criando a impressão de que sua oferta estava sendo considerada seriamente. Segundo, ao exigir a assinatura de um contrato e a realização de um escaneamento facial, garantimos que qualquer vazamento de informações subsequente resultaria em responsabilidade legal para o atacante. O atacante aceitou a proposta, acreditando erroneamente que estava protegido e que receberia uma compensação.

No entanto, após a assinatura do contrato, não houve relatos de falhas ou informações confidenciais divulgadas. O atacante não forneceu nenhum detalhe adicional sobre vulnerabilidades, e a situação foi encerrada sem complicações adicionais.

LIÇÕES APRENDIDAS E MEDIDAS DE SEGURANÇA

Após o incidente, nossa empresa adotou várias medidas para reforçar a segurança e evitar futuros problemas semelhantes:

1. **Desenvolvimento de uma Nova Política de Segurança:** Implementamos uma política de segurança mais robusta, com diretrizes claras para lidar com ameaças e extorsões. A política inclui procedimentos para verificar a autenticidade de ofertas e relatórios de vulnerabilidades.

2. **Estabelecimento de Estrutura de Segurança:** Criamos uma estrutura organizada para gerenciar a segurança em diferentes zonas da empresa, incluindo a implementação de medidas de proteção mais rigorosas e a criação de um protocolo para tratar de ameaças e tentativas de extorsão.

3. **Treinamento e Conscientização:** Introduzimos programas de treinamento regulares para a equipe sobre como identificar e responder a tentativas de extorsão e outros tipos de ameaças cibernéticas.

CONCLUSÃO

Este caso ilustra a importância de uma resposta estratégica e bem planejada para lidar com tentativas de extorsão. A abordagem adotada não apenas evitou um possível ataque, mas também fortaleceu nossas práticas de segurança, preparando melhor a empresa para enfrentar desafios futuros. A situação demonstrou que uma estratégia bem elaborada pode desarmar tentativas de extorsão e proteger a integridade da organização, evidenciando a necessidade de medidas proativas e uma postura de segurança sólida.

ESTUDO DE CASO 2: FORTALECIMENTO DA SEGURANÇA E IMAGEM CORPORATIVA ATRAVÉS DE UM PENTEST

CONTEXTO DA EMPRESA

A empresa X, uma organização proeminente no setor de tecnologia e Software as a Service (SaaS), reconheceu a importância crítica da segurança cibernética para a operação e reputação da empresa. Em um mercado cada vez mais competitivo, a empresa não só queria aprimorar sua postura de segurança da informação, mas também reforçar sua imagem de confiança junto a clientes e parceiros. Com a crescente preocupação com a proteção de dados e a integridade das operações, a empresa decidiu realizar um teste de penetração (pentest) abrangente para identificar e corrigir possíveis vulnerabilidades.

DESAFIOS E OBJETIVOS

O principal objetivo do pentest era detectar vulnerabilidades em sistemas, redes e processos internos da empresa, e posteriormente implementar correções necessárias para fortalecer a segurança. Além de proteger dados sensíveis e garantir a integridade operacional, a empresa X visava também aprimorar sua imagem de mercado, demonstrando seu compromisso com a segurança e a proteção dos dados dos clientes.

DESAFIOS ENFRENTADOS:

- Identificação e correção de vulnerabilidades críticas.
- Atualização das práticas e políticas de segurança.
- Reforço da confiança dos clientes e parceiros.

Objetivos principais:

- Identificar vulnerabilidades e pontos fracos na infraestrutura de TI.
- Implementar medidas corretivas para melhorar a segurança.
- Melhorar a percepção da empresa no mercado quanto à sua postura de segurança.

Execução do Pentest

A empresa X contratou uma equipe de especialistas em segurança cibernética para conduzir o pentest. O processo foi meticulosamente planejado e executado, abrangendo diversas fases:

1. **Planejamento e Escopo:** A equipe de pentest definiu o escopo do teste, incluindo quais sistemas, redes e aplicativos seriam analisados. Esta fase incluiu acordos prévios com a empresa sobre os objetivos e os limites do pentest.
2. **Reconhecimento e Coleta de Informações:** A equipe iniciou a coleta de informações sobre a infraestrutura de TI da empresa, utilizando técnicas de reconhecimento passivo e ativo para mapear os sistemas e identificar possíveis vetores de ataque.

3. **Exploração de Vulnerabilidades:** Foram simulados ataques reais para explorar vulnerabilidades identificadas. Isso incluiu testes de penetração em redes, sistemas de autenticação e aplicativos web, entre outros.

4. **Análise e Relatório:** A equipe documentou as descobertas, classificou as vulnerabilidades com base em sua severidade e impacto potencial, e forneceu um relatório detalhado com recomendações para mitigação.

Durante o pentest, foram identificadas várias falhas de segurança, incluindo:

- **Vulnerabilidades Críticas em Sistemas de Autenticação:** Falhas que poderiam permitir acesso não autorizado aos sistemas.

- **Configuração Inadequada de Redes:** Deficiências nas configurações de segurança que poderiam ser exploradas por atacantes.

- **Exposições de Dados Sensíveis:** Dados confidenciais expostos inadvertidamente, aumentando o risco de vazamentos.

Ações Corretivas e Melhoria da Segurança

Com base no relatório do pentest, a empresa X implementou uma série de medidas corretivas e aprimorou sua postura de segurança:

1. **Correção de Vulnerabilidades:** Todas as falhas identificadas foram endereçadas. As ações incluíram a atualização de sistemas, revisão das configurações de segurança e o reforço das medidas de autenticação. As vulnerabilidades críticas foram corrigidas com prioridade.

2. **Fortalecimento de Políticas de Segurança:** As políticas de segurança da empresa foram revisadas

e atualizadas para alinhar com as melhores práticas e regulamentações vigentes. Novas diretrizes foram estabelecidas para garantir a conformidade contínua e a proteção adequada dos dados.

3. **Capacitação de Equipes:** Foram realizados treinamentos intensivos para colaboradores, focando em práticas de segurança, conscientização sobre ameaças cibernéticas e a importância de aderir às novas políticas de segurança. Essa capacitação ajudou a criar uma cultura de segurança mais robusta dentro da organização.

Impacto na Imagem e Confiança

A realização do pentest e a subsequente correção das vulnerabilidades resultaram em diversos benefícios tangíveis para a empresa X:

1. **Aumento da Confiança dos Clientes:** A empresa foi capaz de demonstrar proativamente seu compromisso com a segurança, o que resultou em um aumento na confiança dos clientes e na fidelização. Os clientes passaram a ver a empresa como uma organização responsável e confiável na proteção de seus dados.

2. **Diferenciação no Mercado:** A empresa destacou-se no mercado como uma organização proativa em segurança cibernética. Isso ajudou a atrair novos clientes e fortalecer parcerias existentes, diferenciando a empresa da concorrência.

3. **Preparação para Auditorias e Conformidade:** Com a melhoria nas práticas de segurança e a atualização das políticas, a empresa estava melhor preparada para auditorias e conformidade com regulamentações de segurança. Esse preparo facilitou a obtenção de certificações e o cumprimento de requisitos regulatórios, fortalecendo ainda mais a posição da empresa no mercado.

Conclusão

O pentest realizado pela empresa X foi um passo decisivo para identificar e corrigir vulnerabilidades críticas e melhorar a segurança da informação. Além de fortalecer a segurança interna, o pentest proporcionou benefícios significativos em termos de imagem corporativa e confiança do cliente. A abordagem proativa adotada não apenas reforçou as defesas da empresa, mas também a posicionou como uma líder em segurança no setor de tecnologia e SaaS. Este estudo de caso exemplifica como a segurança da informação pode ser uma vantagem estratégica importante, contribuindo para o crescimento sustentável e a reputação positiva de uma empresa.

CHECKLIST DE CIBERSEGURANÇA PARA GESTORES

No cenário atual, em que as ameaças cibernéticas evoluem rapidamente e a proteção de dados se torna cada vez mais crítica, é imperativo que os gestores de negócios adotem uma abordagem estruturada e abrangente para a cibersegurança. O **Checklist de Cibersegurança para Gestores** foi desenvolvido para servir como uma ferramenta valiosa na avaliação e aprimoramento da postura de segurança da sua organização.

Objetivo do Checklist: O principal objetivo deste checklist é ajudar você a mapear a situação atual do seu negócio em relação à cibersegurança e a identificar áreas que necessitam de atenção imediata. Através da execução deste checklist, você será capaz de avaliar os pontos fortes e fracos da sua infraestrutura de segurança, além de criar um plano de implementação efetivo, priorizando as ações mais alcançáveis e impactantes.

Estratégia de Implementação: Para tornar a implementação das ações listadas mais eficiente, sugerimos que você desenvolva um planejamento detalhado, metrificando o tempo e o investimento necessários para cumprir cada etapa do checklist. Esta abordagem não só ajudará a garantir que os recursos sejam alocados de maneira eficaz, mas também permitirá o monitoramento contínuo do progresso e a realização de ajustes conforme necessário. Considere utilizar uma tabela de cronograma e orçamento para acompanhar os marcos e os custos associados.

Dicas Adicionais:

1. **Avaliação Contínua:** Realize revisões periódicas da sua postura de segurança para garantir que as medidas adotadas permaneçam eficazes e atualizadas frente às novas ameaças.
2. **Envolvimento das Partes Interessadas:** Envolva as principais partes interessadas da sua organização no processo de segurança. A adesão da alta administração e o engajamento de todas as áreas são cruciais para o sucesso das iniciativas de segurança.
3. **Capacitação e Treinamento:** Invista em treinamento contínuo para sua equipe para garantir que todos estejam cientes das melhores práticas de segurança e preparados para identificar e responder a ameaças.
4. **Documentação e Registro:** Mantenha documentação detalhada de todas as medidas implementadas e das análises realizadas. Isso não apenas ajuda a manter o controle do progresso, mas também é essencial para auditorias e revisões futuras.
5. **Adaptação às Mudanças:** Esteja preparado para adaptar suas estratégias de segurança com base nas mudanças tecnológicas e nas novas ameaças emergentes. A cibersegurança é um campo dinâmico que requer flexibilidade e inovação contínuas.

A utilização deste checklist como parte integrante do seu planejamento estratégico permitirá uma abordagem sistemática e eficaz para a proteção dos ativos digitais da sua organização, contribuindo para uma postura de segurança robusta e resiliente.

1. GOVERNANÇA E POLÍTICAS DE SEGURANÇA

- **Desenvolver e Implementar uma Política de Segurança da Informação:**
  - Defina claramente as expectativas e responsabilidades em relação à segurança da informação.
  - Inclua diretrizes específicas sobre controle de acesso, uso aceitável, proteção de dados sensíveis e resposta a incidentes.
  - Estabeleça um processo para revisão e atualização periódica da política.
  - Realize workshops de treinamento para garantir que todos os funcionários compreendam e cumpram a política.
- **Estabelecer um Framework de Governança, como ISO 27001 ou NIST:**
  - Adote um framework de governança, como ISO 27001 ou NIST, para estruturar práticas e processos de segurança.
  - Realize uma avaliação inicial para identificar lacunas em relação ao framework escolhido e desenvolva um plano de ação para implementar os controles recomendados.
  - Estabeleça um processo para revisões e auditorias internas regulares para garantir a conformidade contínua com o framework.

- **Garantir Conformidade com Regulamentações e Leis Aplicáveis (GDPR, CCPA, etc.):**
  - o   Mantenha-se atualizado sobre regulamentações locais e internacionais e adapte suas políticas conforme necessário.
  - o   Desenvolva e implemente políticas e procedimentos específicos para garantir a conformidade com leis de proteção de dados, como GDPR e CCPA.
  - o   Realize auditorias regulares de conformidade para identificar e corrigir quaisquer não conformidades.
  - o   Mantenha registros detalhados de conformidade e prepare-se para auditorias externas e inspeções regulatórias.
- **Criar e Revisar Regularmente Procedimentos de Segurança e Protocolos:**
  - o   Documente procedimentos detalhados para operações de segurança, incluindo gestão de incidentes e controle de acesso.
  - o   Revise e atualize regularmente esses procedimentos para refletir mudanças no ambiente de ameaças, tecnologia e operações da empresa.
  - o   Realize revisões pós-incidente para identificar e implementar melhorias nos procedimentos.

2. AVALIAÇÃO E GESTÃO DE RISCOS

- **Realizar uma Avaliação de Riscos Abrangente:**
  - Utilize metodologias como análise de impacto nos negócios (BIA) e análise de risco qualitativa e quantitativa.
  - Envolva equipes multifuncionais para obter uma visão completa dos riscos e avaliar os impactos potenciais em todas as áreas da organização.
  - Documente e priorize os riscos identificados com base na probabilidade e impacto.
- **Implementar Medidas de Mitigação para Riscos Identificados:**
  - Desenvolva planos de mitigação específicos para os riscos identificados, incluindo controles técnicos, ajustes operacionais e medidas administrativas.
  - Implemente controles de segurança, como firewalls e criptografia, para proteger contra riscos identificados.
  - Monitore a eficácia das medidas de mitigação e ajuste conforme necessário.
- **Desenvolver e Manter um Plano de Continuidade de Negócios:**
  - Crie um plano de continuidade de negócios (BCP) abrangente que inclua estratégias para manter operações críticas e comunicação com stakeholders durante interrupções.
  - Realize testes regulares do BCP para garantir que ele

seja eficaz e faça ajustes conforme necessário.

- **Estabelecer um Plano de Recuperação de Desastres e Testá-lo Periodicamente:**
  - Desenvolva um plano de recuperação de desastres (DRP) que defina procedimentos para restaurar sistemas e dados após um evento catastrófico.
  - Realize testes regulares do DRP para garantir que os processos de recuperação sejam eficazes e atualize o plano com base nos resultados dos testes.

3. SEGURANÇA DE DADOS E INFORMAÇÕES

- **Implementar Controles de Acesso Baseados em Necessidade e Autorização:**
  - Utilize controles de acesso baseados no princípio do menor privilégio, concedendo acesso apenas às informações necessárias para realizar funções específicas.
  - Implemente autenticação multifatorial (MFA) para reforçar o controle de acesso.
  - Revise regularmente as permissões de acesso e ajuste conforme mudanças nas funções dos colaboradores.
- **Garantir a Criptografia de Dados em Trânsito e em Repouso:**
  - Utilize criptografia forte para proteger dados durante a transmissão e quando armazenados em dispositivos.
  - Mantenha a segurança das chaves de criptografia e implemente práticas de gerenciamento de chaves seguras.
  - Realize auditorias regulares para verificar a eficácia das medidas de criptografia.
- **Estabelecer Processos de Backup e Recuperação de Dados:**
  - Implemente uma estratégia de backup que inclua backups regulares e seguros de dados críticos, tanto localmente quanto na nuvem.
  - Teste os processos de recuperação para garantir que os backups possam ser restaurados de forma eficaz em

caso de perda de dados.

- o Utilize ferramentas de verificação de integridade para garantir que os backups não estejam corrompidos.

- **Monitorar e Proteger os Dados Contra Vazamentos e Acessos Não Autorizados:**
  - o Utilize ferramentas de monitoramento e soluções de prevenção de perda de dados (DLP) para detectar e prevenir vazamentos de dados e acessos não autorizados.
  - o Implemente políticas e procedimentos para a detecção de atividades suspeitas e responda rapidamente a incidentes.

4. SEGURANÇA DE TI E INFRAESTRUTURA

- **Implementar e Manter Firewalls e Sistemas de Detecção de Intrusões (IDS/IPS):**
  - Configure firewalls para filtrar o tráfego de rede e impedir acessos não autorizados.
  - Utilize sistemas de detecção e prevenção de intrusões (IDS/IPS) para identificar e responder a atividades maliciosas na rede.
  - Atualize regularmente as assinaturas de IDS/IPS para detectar as ameaças mais recentes.
- **Realizar Atualizações e Patches Regulares para Sistemas e Software:**
  - Mantenha todos os sistemas e software atualizados com os patches de segurança mais recentes.
  - Implemente um processo de gerenciamento de patches que inclua avaliação, teste e aplicação de patches.
  - Monitore e reporte vulnerabilidades de segurança e aplique correções de forma proativa.
- **Implementar Soluções de Antivírus e Antimalware:**
  - Instale e atualize regularmente soluções de antivírus e antimalware para proteger contra vírus, worms e outras ameaças.
  - Realize varreduras regulares dos sistemas e mantenha as definições de antivírus atualizadas.
- **Garantir a Segurança das Redes Internas e Externas:**

o   Proteja redes internas e externas com medidas de segurança adequadas, como segmentação de rede e proteção de pontos de acesso.

o   Utilize VPNs para garantir a segurança das conexões remotas e implemente monitoramento contínuo para identificar possíveis ameaças.

o   Realize avaliações de segurança regulares para verificar a eficácia das medidas de proteção da rede.

5. TREINAMENTO E CONSCIENTIZAÇÃO

- **Desenvolver e Implementar Programas de Treinamento em Segurança para Colaboradores:**
  - Crie e implemente programas de treinamento que incluam tópicos como melhores práticas de segurança, políticas da empresa e como identificar e responder a ameaças.
  - Realize treinamentos regulares e obrigatórios para todos os funcionários e ofereça módulos de reciclagem.
  - Forneça materiais de apoio e recursos contínuos para ajudar os colaboradores a manterem-se atualizados.
- **Realizar Campanhas de Conscientização sobre Ameaças Cibernéticas:**
  - Implemente campanhas de conscientização que abordem ameaças cibernéticas atuais, como phishing, engenharia social e ransomware.
  - Utilize e-mails, workshops, seminários e simulações de ataques para educar os colaboradores.
  - Promova a conscientização através de quizzes e avaliações para reforçar o aprendizado.
- **Avaliar a Eficácia dos Programas de Treinamento Regularmente:**
  - Monitore e avalie a eficácia dos programas de treinamento e conscientização utilizando testes, pesquisas e análises de incidentes.

o   Coleta feedback dos participantes e ajuste os programas com base nas necessidades identificadas.

o   Realize simulações de ataques, como phishing, para testar e reforçar a capacidade dos colaboradores em reconhecer e responder a ameaças.

6. RESPOSTA A INCIDENTES E GESTÃO DE CRISES

- **Criar e Manter um Plano de Resposta a Incidentes:**
  - Desenvolva um plano detalhado que inclua procedimentos para identificar, conter, erradicar e recuperar de incidentes de segurança.
  - Estabeleça um processo de comunicação interna e externa durante um incidente.
  - Atualize o plano com base em lições aprendidas de incidentes anteriores e faça revisões periódicas.
- **Estabelecer e Treinar uma Equipe de Resposta a Incidentes (CSIRT):**
  - Forme uma equipe dedicada à resposta a incidentes, incluindo especialistas em várias áreas da segurança.
  - Realize treinamentos e simulações regulares para garantir que a equipe esteja preparada para lidar com diferentes tipos de incidentes.
  - Mantenha a equipe informada sobre as últimas ameaças e técnicas de resposta.
- **Desenvolver Procedimentos de Comunicação em Crises e Vazamentos de Dados:**
  - Crie procedimentos claros para comunicar com todas as partes interessadas, incluindo clientes, parceiros e autoridades, durante uma crise.
  - Estabeleça protocolos para relatar vazamentos de dados e outras ocorrências de forma transparente e oportuna.

o   Prepare declarações e comunicados padrão para situações comuns e customize conforme necessário.

- **Revisar e Atualizar os Planos de Resposta a Incidentes Após Eventos:**
    o   Após um incidente, conduza uma análise detalhada para identificar lições aprendidas e áreas de melhoria.
    o   Atualize o plano de resposta a incidentes com base nas descobertas da análise pós-incidente.
    o   Realize reuniões de revisão para compartilhar os aprendizados e ajustar as estratégias de resposta.

7. MONITORAMENTO E AUDITORIA

- **Implementar Monitoramento Contínuo de Sistemas e Redes:**
    - Utilize ferramentas de monitoramento para acompanhar a atividade em tempo real e detectar possíveis ameaças.
    - Estabeleça alertas para atividades suspeitas e configure análises automáticas para identificar padrões de ataque.
    - Mantenha logs detalhados de eventos e acessos para análise e resposta a incidentes.
- **Realizar Auditorias Regulares de Segurança e Conformidade:**
    - Conduza auditorias internas e externas para verificar a eficácia das medidas de segurança e a conformidade com as políticas e regulamentações.
    - Prepare-se para auditorias de conformidade com a documentação necessária e responda a quaisquer questões identificadas.
    - Utilize os resultados das auditorias para melhorar continuamente as práticas de segurança.
- **Analisar e Relatar Métricas e Indicadores de Desempenho de Segurança (KPIs):**
    - Defina e monitore KPIs relacionados à segurança, como número de incidentes detectados, tempo de resposta e eficácia das medidas de mitigação.

o   Analise relatórios de métricas para identificar tendências e áreas que necessitam de melhorias.

o   Apresente relatórios de desempenho de segurança à alta administração e utilize os dados para apoiar decisões estratégicas.

8. SEGURANÇA DE APLICAÇÕES E SISTEMAS

- **Realizar Testes de Penetração e Avaliações de Segurança em Aplicações:**
  - Conduza testes de penetração regulares para identificar e corrigir vulnerabilidades em aplicações e sistemas.
  - Utilize ferramentas automatizadas e manuais para realizar avaliações de segurança e identificar pontos fracos.
  - Implemente correções e melhorias com base nos resultados dos testes.
- **Implementar Práticas de Desenvolvimento Seguro (DevSecOps):**
  - Integre práticas de segurança no ciclo de vida do desenvolvimento de software, desde o design até a implementação e manutenção.
  - Utilize a metodologia DevSecOps para promover a colaboração entre equipes de desenvolvimento, operações e segurança.
  - Realize revisões de código para identificar e corrigir vulnerabilidades e faça uso de ferramentas de análise de segurança de código.
- **Gerenciar e Proteger o Ciclo de Vida das Aplicações e Sistemas:**
  - Adote práticas para gerenciar a segurança durante o desenvolvimento, implementação, manutenção e

desativação de aplicações e sistemas.

o   Implemente controles de segurança, como autenticação forte e criptografia, durante todas as fases do ciclo de vida.

o   Estabeleça procedimentos para desativar e remover de forma segura sistemas obsoletos e dados associados.

- **Utilizar CAPTCHA e Web Application Firewall (WAF):**
  - o   Implemente CAPTCHA para proteger formulários e outras entradas contra bots e ataques automatizados.
  - o   Utilize um Web Application Firewall (WAF) para proteger aplicações web contra ataques comuns, como injeções SQL e cross-site scripting (XSS).
  - o   Realize ajustes e atualizações regulares nas configurações do WAF para garantir proteção contínua.

- **Sanitização das Entradas do Usuário:**
  - o   Implemente práticas de sanitização e validação de entradas do usuário para evitar ataques de injeção e outras vulnerabilidades.
  - o   Utilize bibliotecas e frameworks seguros para tratar entradas de dados e prevenir a execução de código malicioso.
  - o   Realize revisões e testes regulares para garantir que a sanitização das entradas esteja sendo aplicada corretamente.

9. SEGURANÇA EM AMBIENTES NUVEM E HÍBRIDOS

- **Implementar Controles de Segurança Específicos para Ambientes de Nuvem:**
  - Adote controles de segurança apropriados para ambientes de nuvem, como criptografia de dados e gerenciamento de identidade e acesso.
  - Utilize soluções de segurança nativas da nuvem e ferramentas de terceiros para proteger dados e recursos.
  - Realize avaliações regulares de segurança para garantir que as práticas de segurança estejam em conformidade com as melhores práticas.
- **Garantir a Proteção de Dados em Ambientes Híbridos e Multi-Nuvem:**
  - Desenvolva políticas de segurança que integrem e monitorem ambientes híbridos e multi-nuvem para garantir proteção consistente.
  - Utilize ferramentas de segurança que forneçam visibilidade e controle sobre todas as suas instâncias de nuvem.
  - Realize análises e avaliações regulares para identificar e mitigar riscos específicos de ambientes híbridos e multi-nuvem.
- **Monitorar e Gerenciar o Acesso e a Segurança em**

Plataformas de Nuvem:

o   Implemente políticas rigorosas de controle de acesso e autenticação multifatorial para proteger suas contas e dados na nuvem.

o   Utilize ferramentas de monitoramento específicas para plataformas de nuvem para detectar e responder a atividades suspeitas.

o   Realize auditorias de segurança periódicas para garantir que as práticas de segurança estejam sendo seguidas adequadamente.

10. INOVAÇÃO E FUTURO DA SEGURANÇA

- **Acompanhar e Adotar Inovações Tecnológicas Seguras:**
  - Mantenha-se atualizado sobre as últimas inovações tecnológicas e avalie seu impacto na segurança.
  - Realize análises de risco para novas tecnologias e adote-as de forma segura, garantindo que não introduzam novas vulnerabilidades.
  - Participe de eventos e treinamentos para estar à frente das tendências emergentes e entender as implicações de segurança.
- **Avaliar e Preparar-se para Novas Ameaças e Tendências de Segurança:**
  - Realize análises de ameaças regulares para identificar novas ameaças e técnicas de exploração emergentes.
  - Atualize seus planos de resposta e estratégias de mitigação para enfrentar as novas ameaças identificadas.
  - Participe de grupos e fóruns de segurança para obter informações sobre as últimas tendências e ameaças.
- **Investir em Tecnologias Emergentes para Fortalecer a Postura de Segurança:**
  - Considere investir em tecnologias emergentes, como inteligência artificial e blockchain, para melhorar a segurança da informação.
  - Avalie a viabilidade e a eficácia dessas tecnologias no contexto da sua organização e faça pilotos para testar

seu impacto.

o   Utilize essas tecnologias para aprimorar a detecção de ameaças, garantir a integridade dos dados e melhorar a resposta a incidentes.

PLANO DE AÇÃO DE CIBERSEGURANÇA PARA GESTORES

1. GOVERNANÇA E POLÍTICAS DE SEGURANÇA

DESENVOLVER E IMPLEMENTAR UMA POLÍTICA DE SEGURANÇA DA INFORMAÇÃO

1. **Criação de uma Política Clara e Abrangente:**
   o   **Definição de Expectativas e Responsabilidades:** A política de segurança da informação deve começar com uma declaração clara das expectativas e responsabilidades de todos os colaboradores em relação à segurança dos dados. Isso inclui a proteção de informações sensíveis, a utilização segura dos sistemas e a conformidade com as normas e procedimentos estabelecidos. A política deve especificar quem é responsável pela implementação e manutenção das medidas de segurança, incluindo a alta administração, o departamento de TI e os funcionários.
   o   **Componentes Essenciais:** A política deve cobrir uma série de tópicos cruciais:
      ▪   **Controle de Acesso:** Defina como o acesso às informações será gerenciado, incluindo a concessão, revisão e revogação de permissões. Especifique as categorias de usuários e os níveis de acesso necessários para cada função.
      ▪   **Uso Aceitável:** Estabeleça regras sobre como

os sistemas e dados podem ser usados. Isso pode incluir restrições sobre o uso de dispositivos pessoais, regras para o envio e recebimento de e-mails e a utilização de software.

■ **Proteção de Dados:** Defina como os dados devem ser protegidos, tanto em trânsito quanto em repouso. Inclua orientações sobre criptografia, backup e armazenamento seguro.

■ **Resposta a Incidentes:** Documente os procedimentos a serem seguidos em caso de incidente de segurança. Isso deve incluir a identificação, notificação, contenção, erradicação e recuperação de incidentes.

o **Envolvimento dos Stakeholders:** Para garantir que a política de segurança da informação aborde as necessidades e riscos específicos da organização, é crucial envolver stakeholders de diferentes departamentos, como recursos humanos, jurídico, financeiro e operacional. Essa abordagem colaborativa assegura que a política seja abrangente e aplicável a todas as áreas da empresa.

2. **Comunicação e Treinamento:**

o **Divulgação da Política:** Após a criação da política, ela deve ser amplamente divulgada dentro da organização. Isso pode incluir a distribuição de cópias para todos os funcionários, a publicação em um portal interno e a realização de reuniões para discutir a política.

o **Treinamento Contínuo:** Organize sessões de treinamento para educar os funcionários sobre os detalhes da política e a importância da segurança da informação. O treinamento deve ser contínuo, com atualizações regulares para refletir mudanças na política e no ambiente de ameaças.

ESTABELECER UM FRAMEWORK DE GOVERNANÇA, COMO ISO 27001 OU NIST

1. **Adotar um Framework de Governança de Segurança:**
   - **ISO 27001:** O ISO 27001 oferece uma abordagem sistemática para gerenciar informações sensíveis, visando a proteção da confidencialidade, integridade e disponibilidade dos dados. A norma exige a implementação de um Sistema de Gestão de Segurança da Informação (SGSI) que inclui a definição de um escopo, a realização de uma avaliação de riscos, e a implementação de controles e medidas de segurança. Além disso, o ISO 27001 exige a revisão contínua e a melhoria do SGSI, com auditorias internas e externas.
   - **NIST (National Institute of Standards and Technology):** O framework do NIST oferece diretrizes detalhadas sobre proteção cibernética, ajudando as organizações a criar uma base sólida para a segurança. O NIST Cybersecurity Framework (CSF) é dividido em cinco funções principais: Identificar, Proteger, Detectar, Responder e Recuperar. Cada função é subdividida em categorias e subcategorias que detalham práticas e controles específicos. A adoção do NIST ajuda a criar uma estrutura flexível que pode

ser adaptada para atender às necessidades e riscos específicos de diferentes organizações.

2. **Benefícios dos Frameworks:**

o   **Estrutura e Consistência:** A adoção de frameworks como ISO 27001 e NIST fornece uma estrutura consistente e abrangente para a gestão de segurança da informação. Isso ajuda a garantir que todos os aspectos da segurança sejam abordados de maneira organizada e coordenada.

o   **Melhoria Contínua:** Ambos os frameworks promovem a melhoria contínua, incentivando as organizações a revisar e atualizar regularmente suas práticas de segurança em resposta a mudanças no ambiente de ameaças e nas necessidades da empresa.

o   **Reconhecimento e Credibilidade:** A certificação ISO 27001, por exemplo, pode melhorar a credibilidade da organização e demonstrar a um público externo, incluindo clientes e parceiros, o compromisso com a segurança da informação.

GARANTIR CONFORMIDADE COM REGULAMENTAÇÕES E LEIS APLICÁVEIS (GDPR, CCPA, ETC.)

1. **Manter-se Atualizado sobre Regulamentações:**
   - **Monitoramento Contínuo:** A conformidade com regulamentações e leis de proteção de dados, como o GDPR (Regulamento Geral sobre a Proteção de Dados) na Europa e o CCPA (California Consumer Privacy Act) nos EUA, requer monitoramento contínuo para acompanhar alterações nas leis e regulamentos. Utilize serviços de consultoria jurídica e de compliance para garantir que a organização esteja sempre em conformidade.
   - **Análise de Impacto:** Realize análises de impacto regulatório para identificar como as mudanças na legislação podem afetar a organização e suas operações. Essa análise deve considerar a forma como a organização coleta, armazena, processa e compartilha dados pessoais.
2. **Desenvolver Políticas e Procedimentos de Conformidade:**
   - **Políticas de Proteção de Dados:** Crie políticas específicas para garantir que a organização esteja em conformidade com as regulamentações de proteção

de dados. Isso pode incluir políticas para o manejo de dados pessoais, solicitações de acesso a dados e notificações de violação de dados.

o **Procedimentos de Conformidade:** Estabeleça procedimentos claros para a coleta, processamento e armazenamento de dados pessoais. Inclua orientações sobre como lidar com solicitações de acesso a dados, exclusão de dados e gestão de consentimento.

3. **Realizar Auditorias Regulares:**

o **Auditorias Internas e Externas:** Conduza auditorias internas regulares para verificar a conformidade com as políticas e procedimentos de proteção de dados. Além disso, considere realizar auditorias externas para obter uma visão imparcial e independente da conformidade da organização.

o **Relatórios e Ações Corretivas:** Documente os resultados das auditorias e desenvolva planos de ação para corrigir quaisquer deficiências identificadas. Monitore a implementação dessas ações corretivas para garantir que as questões sejam resolvidas de forma eficaz.

CRIAR E REVISAR REGULARMENTE PROCEDIMENTOS DE SEGURANÇA E PROTOCOLOS

1. **Documentação Detalhada de Procedimentos de Segurança:**
   - **Criação de Procedimentos:** Documente procedimentos detalhados para todas as operações de segurança, incluindo gestão de incidentes, controle de acesso, e proteção de dados. Esses documentos devem descrever claramente os passos a serem seguidos, as responsabilidades de cada parte envolvida e os recursos necessários.
   - **Manutenção da Documentação:** Mantenha a documentação atualizada para refletir mudanças nos processos, na tecnologia e no ambiente de ameaças. Isso inclui a atualização de procedimentos existentes e a adição de novos procedimentos conforme necessário.
2. **Revisão e Atualização Regular:**
   - **Revisão Periódica:** Estabeleça um cronograma para revisar e atualizar regularmente os procedimentos de segurança e protocolos. As revisões devem levar em conta novos riscos, mudanças na legislação e feedback dos usuários e equipes de segurança.

- o **Testes e Simulações:** Realize testes e simulações para validar a eficácia dos procedimentos de segurança. Isso pode incluir testes de penetração, simulações de resposta a incidentes e revisões de processos para identificar áreas de melhoria.

3. **Feedback e Melhoria Contínua:**

- o **Coleta de Feedback:** Solicite feedback de usuários e stakeholders sobre a eficácia dos procedimentos e protocolos de segurança. Utilize esse feedback para identificar áreas de melhoria e ajustar os procedimentos conforme necessário.

- o **Implementação de Melhorias:** Baseie-se nos resultados dos testes, auditorias e feedback para implementar melhorias contínuas nos procedimentos de segurança. Isso ajuda a garantir que a organização esteja sempre preparada para enfrentar novos desafios e ameaças.

2. AVALIAÇÃO E GESTÃO DE RISCOS

REALIZAR UMA AVALIAÇÃO DE RISCOS ABRANGENTE

1. **Identificação e Avaliação de Riscos Potenciais:**
   o   **Metodologias de Avaliação:** Utilize metodologias estabelecidas para identificar e avaliar riscos potenciais para a segurança da informação. A análise de impacto nos negócios (BIA) ajuda a identificar quais processos e ativos são críticos para a operação da organização e quais seriam as consequências de sua interrupção. A análise de risco qualitativa e quantitativa avalia a probabilidade e o impacto dos riscos identificados, permitindo uma compreensão detalhada das ameaças e vulnerabilidades.

   ▪ **Análise de Impacto nos Negócios (BIA):** Avalie como a interrupção de diferentes funções e sistemas afetaria a organização, considerando a perda financeira, danos à reputação e impacto na conformidade regulatória. Identifique os recursos críticos e defina os requisitos de recuperação.

   ▪ **Análise de Risco Qualitativa e Quantitativa:** Utilize a análise qualitativa para classificar riscos com base na sua gravidade e probabilidade, e a análise quantitativa para medir o impacto financeiro e operacional dos riscos. Isso pode incluir a criação de cenários de risco e a utilização de ferramentas de modelagem para prever possíveis impactos.

2. **Envolvimento de Equipes Multifuncionais:**

o   **Participação de Diversos Departamentos:** Envolva equipes de diferentes departamentos, como TI, operações, jurídico e finanças, para obter uma visão abrangente dos riscos. Cada departamento pode identificar riscos específicos relacionados às suas áreas de atuação e fornecer informações valiosas sobre as possíveis implicações de riscos em suas operações.

o   **Workshops e Reuniões de Risco:** Organize workshops e reuniões regulares com as equipes multifuncionais para discutir os riscos identificados e avaliar as prioridades. Utilize técnicas de brainstorming e análise SWOT (Forças, Fraquezas, Oportunidades e Ameaças) para gerar uma visão completa dos riscos enfrentados pela organização.

IMPLEMENTAR MEDIDAS DE MITIGAÇÃO PARA RISCOS IDENTIFICADOS

1. **Desenvolvimento e Implementação de Planos de Mitigação:**

o **Criação de Planos de Mitigação:** Desenvolva planos de mitigação detalhados para reduzir ou eliminar os riscos identificados. Esses planos devem incluir medidas técnicas, operacionais e administrativas para abordar cada risco. As medidas podem envolver a implementação de controles técnicos, como firewalls e criptografia, ajustes nos processos operacionais, como revisões de procedimentos e protocolos, e a adoção de medidas administrativas, como políticas e treinamentos.

   ▪ **Controles Técnicos:** Instale e mantenha controles técnicos apropriados para proteger os sistemas e dados. Isso pode incluir a aplicação de patches de segurança, configuração de sistemas de detecção e prevenção de intrusões, e o uso de criptografia para proteger dados sensíveis.

   ▪ **Ajustes Operacionais:** Reavalie e ajuste processos operacionais para reduzir riscos. Isso pode envolver a revisão de procedimentos de trabalho, a implementação de controles de acesso mais rigorosos e a realização de auditorias internas para identificar áreas de melhoria.

- **Medidas Administrativas:** Desenvolva políticas e procedimentos para gerenciar riscos e treine os colaboradores para garantir que todos estejam cientes das práticas de segurança e dos requisitos de conformidade.

2. **Priorização das Ações:**

o **Avaliação da Criticidade dos Riscos:** Priorize as ações de mitigação com base na criticidade dos riscos identificados e nos recursos disponíveis. Riscos que têm um alto impacto potencial e alta probabilidade de ocorrência devem receber maior atenção e recursos para mitigação.

o **Alocação de Recursos:** Alinhe a alocação de recursos com as prioridades estabelecidas. Isso pode envolver a alocação de orçamento, pessoal e tecnologia para áreas de maior risco e a monitorização contínua da eficácia das medidas implementadas.

DESENVOLVER E MANTER UM PLANO DE CONTINUIDADE DE NEGÓCIOS

1. **Elaboração do Plano de Continuidade de Negócios (BCP):**

o   **Criação do BCP:** Desenvolva um plano de continuidade de negócios (BCP) para assegurar que a organização possa continuar operando em caso de interrupções significativas. O BCP deve identificar os processos críticos de negócios, estabelecer procedimentos para manter a continuidade das operações e definir estratégias para a recuperação.

- **Estratégias para Manter Operações Críticas:** Defina estratégias para manter a continuidade das operações essenciais durante uma interrupção. Isso pode incluir a implementação de soluções de backup, o estabelecimento de locais alternativos de trabalho e a coordenação com fornecedores e parceiros.

- **Comunicação com Stakeholders:** Desenvolva um plano de comunicação que garanta que todas as partes interessadas, incluindo funcionários, clientes e parceiros, sejam informadas adequadamente durante uma interrupção. Estabeleça canais de comunicação e protocolos para garantir uma comunicação eficaz e oportuna.

2. **Manutenção e Atualização do BCP:**

o **Revisões Regulares:** Revise e atualize o BCP regularmente para refletir mudanças na organização, no ambiente de ameaças e nas melhores práticas de continuidade de negócios. Isso inclui a atualização de informações de contato, procedimentos de recuperação e estratégias de mitigação.

o **Treinamentos e Simulações:** Realize treinamentos e simulações regulares para garantir que todos os funcionários estejam familiarizados com o BCP e saibam como responder a uma interrupção. Utilize esses treinamentos para testar e validar a eficácia do plano e fazer ajustes conforme necessário.

ESTABELECER UM PLANO DE RECUPERAÇÃO DE DESASTRES E TESTÁ-LO PERIODICAMENTE

1. **Criação do Plano de Recuperação de Desastres (DRP):**
   - **Desenvolvimento do DRP:** Elabore um plano de recuperação de desastres (DRP) que defina como a organização restaurará seus sistemas e dados após um evento catastrófico. O DRP deve incluir procedimentos para a recuperação de dados, a restauração de sistemas e a retomada das operações normais.
     - **Procedimentos de Recuperação:** Estabeleça procedimentos detalhados para a recuperação de dados e sistemas, incluindo a recuperação de backups, a restauração de aplicativos e a validação da integridade dos dados.
     - **Designação de Responsabilidades:** Defina as responsabilidades e papéis da equipe de recuperação de desastres, incluindo a coordenação das atividades de recuperação e a comunicação com as partes interessadas.
2. **Testes Regulares do DRP:**
   - **Realização de Testes:** Realize testes regulares do DRP para garantir que o plano seja eficaz e que todos os procedimentos funcionem conforme o esperado.

Os testes podem incluir simulações de desastres e exercícios de recuperação para avaliar a prontidão e a capacidade de resposta da organização.

o **Revisão e Ajustes:** Após os testes, revise o DRP para identificar áreas de melhoria e faça os ajustes necessários. Documente os resultados dos testes e as lições aprendidas para aprimorar o plano e melhorar a capacidade de resposta a futuros desastres.

3. SEGURANÇA DE DADOS E INFORMAÇÕES

IMPLEMENTAR CONTROLES DE ACESSO BASEADOS EM NECESSIDADE E AUTORIZAÇÃO

1. **Estabelecimento de Controles de Acesso:**
   - **Definição de Políticas de Acesso:** Desenvolva políticas de controle de acesso que definam claramente quem tem permissão para acessar quais dados e recursos. As políticas devem detalhar os requisitos de autorização para acesso, os métodos de autenticação e os processos para concessão e revogação de acesso.
   - **Controle de Acesso Baseado em Funções (RBAC):** Implemente o modelo de controle de acesso baseado em funções (RBAC), onde os direitos de acesso são atribuídos com base nas funções desempenhadas pelos usuários na organização. Isso garante que os colaboradores tenham acesso apenas às informações necessárias para suas funções específicas, minimizando o risco de acesso não autorizado.
   - **Princípio do Menor Privilégio:** Adote o princípio do menor privilégio, concedendo aos usuários o mínimo de acesso necessário para realizar suas tarefas. Isso reduz a superfície de ataque e limita a possibilidade de exploração de dados sensíveis.
2. **Gestão de Identidades e Acessos (IAM):**

○　　　　**Ferramentas de IAM:** Utilize soluções de gerenciamento de identidades e acessos (IAM) para automatizar e controlar o acesso a sistemas e dados. Ferramentas de IAM ajudam a gerenciar autenticação, autorização e auditoria de acessos de forma centralizada e eficiente.

○　　　　**Revisões e Auditorias Regulares:** Realize revisões periódicas dos direitos de acesso para garantir que estejam alinhados com as funções atuais dos usuários. Conduza auditorias para identificar e corrigir quaisquer discrepâncias ou acessos não autorizados.

GARANTIR A CRIPTOGRAFIA DE DADOS EM TRÂNSITO E EM REPOUSO

1. **Criptografia de Dados em Trânsito:**

o **Protocolos Seguros:** Utilize protocolos de criptografia robustos, como TLS (Transport Layer Security), para proteger dados enquanto estão sendo transmitidos pela rede. A criptografia de dados em trânsito impede que informações sensíveis sejam interceptadas e lidas por terceiros não autorizados.

o **Certificados Digitais:** Implemente certificados digitais para autenticar e criptografar as comunicações entre servidores e clientes. Certificados SSL/TLS são fundamentais para garantir a segurança das transações online e a proteção de dados transmitidos.

2. **Criptografia de Dados em Repouso:**

o **Criptografia de Armazenamento:** Proteja dados armazenados em dispositivos e servidores utilizando criptografia de disco. A criptografia em repouso assegura que, mesmo que o dispositivo seja comprometido, os dados permanecerão inacessíveis sem as chaves de descriptografia apropriadas.

o **Algoritmos e Chaves:** Utilize algoritmos de criptografia robustos, como AES (Advanced Encryption Standard) com chaves de tamanho apropriado. Mantenha as chaves de criptografia seguras, implementando controles de acesso estritos e procedimentos de rotação e armazenamento seguro das chaves.

ESTABELECER PROCESSOS DE BACKUP E RECUPERAÇÃO DE DADOS

1. **Estratégia de Backup:**
   - **Tipos de Backup:** Implemente uma estratégia de backup que inclua backups completos, diferenciais e incrementais. Isso garante a recuperação eficiente dos dados, minimizando a perda em caso de falha ou desastre.
   - **Armazenamento Seguro:** Armazene backups em locais seguros e separados da infraestrutura principal, como em locais físicos diferentes ou na nuvem. Utilize criptografia para proteger backups armazenados e assegurar a confidencialidade dos dados.
2. **Teste e Validação de Processos de Recuperação:**
   - **Testes Regulares:** Realize testes de recuperação de dados para verificar a integridade e a eficácia dos backups. Os testes devem simular cenários de perda de dados e garantir que os backups possam ser restaurados de forma eficaz e dentro dos prazos estabelecidos.
   - **Planos de Recuperação:** Desenvolva e mantenha planos de recuperação de dados que definam os procedimentos para restaurar dados em diferentes cenários de desastre. Inclua etapas para verificar a integridade dos dados recuperados e garantir a

continuidade das operações.

MONITORAR E PROTEGER OS DADOS CONTRA VAZAMENTOS E ACESSOS NÃO AUTORIZADOS

1. **Ferramentas de Monitoramento de Dados:**
   - **Monitoramento em Tempo Real:** Utilize ferramentas de monitoramento para vigiar continuamente o acesso e a utilização de dados. Soluções de monitoramento ajudam a identificar e responder a atividades suspeitas, como acessos não autorizados ou tentativas de vazamento de dados.
   - **Análise de Logs:** Implemente sistemas para coleta e análise de logs de acesso e eventos de segurança. A análise de logs permite a detecção precoce de comportamentos anômalos e a investigação de incidentes de segurança.
2. **Soluções de Prevenção de Perda de Dados (DLP):**
   - **Implementação de DLP:** Adote soluções de prevenção de perda de dados (DLP) para identificar, monitorar e proteger dados sensíveis contra vazamentos acidentais ou maliciosos. As ferramentas de DLP podem aplicar políticas de segurança para controlar a movimentação e o acesso a dados críticos.
   - **Políticas e Configurações:** Configure políticas de DLP para proteger dados em diferentes estados, como

em trânsito, em repouso e em uso. Estabeleça regras para a classificação de dados e a aplicação de controles baseados nas necessidades e riscos específicos da organização.

3. **Monitoramento Contínuo:**

o **Avaliação de Riscos:** Realize avaliações contínuas dos riscos associados a dados e informações para garantir que as medidas de proteção permaneçam eficazes. Revise e ajuste regularmente as estratégias de monitoramento e proteção para enfrentar novas ameaças e vulnerabilidades emergentes.

o **Resposta a Incidentes:** Estabeleça processos para resposta a incidentes relacionados a dados, incluindo a notificação de vazamentos e a mitigação de impactos. Desenvolva planos para gerenciar e investigar incidentes de segurança de dados e implementar medidas corretivas para prevenir futuros eventos.

Implementar essas práticas de segurança de dados e informações ajudará a proteger a confidencialidade, integridade e disponibilidade dos dados críticos da organização, garantindo uma postura de segurança robusta e resiliente.

4. SEGURANÇA DE TI E INFRAESTRUTURA

IMPLEMENTAR E MANTER FIREWALLS E SISTEMAS DE DETECÇÃO DE INTRUSÕES (IDS/IPS)

1. **Firewalls:**

- o   **Configuração e Implementação:** Implemente firewalls em perímetros de rede e entre diferentes zonas de segurança dentro da organização. Configure regras e políticas de firewall para controlar o tráfego de entrada e saída, garantindo que apenas o tráfego autorizado possa passar através do firewall.

- o   **Firewall de Próxima Geração (NGFW):** Considere a adoção de firewalls de próxima geração (NGFW), que oferecem funcionalidades avançadas como inspeção profunda de pacotes (DPI), filtragem de aplicações e integração com sistemas de prevenção de intrusões (IPS).

- o   **Monitoramento e Ajustes:** Monitore o desempenho do firewall e ajuste suas regras conforme necessário para lidar com novos tipos de tráfego e ameaças emergentes. Realize revisões regulares das regras de firewall para garantir que estejam atualizadas e alinhadas com as políticas de segurança da organização.

2. **Sistemas de Detecção e Prevenção de Intrusões (IDS/**

IPS):

o **Implementação de IDS/IPS:** Instale sistemas de detecção de intrusões (IDS) para identificar atividades suspeitas e intrusões em potencial, e sistemas de prevenção de intrusões (IPS) para responder e bloquear ataques em tempo real. Configure os sistemas para monitorar o tráfego de rede e gerar alertas sobre atividades anômalas.

o **Atualização de Assinaturas e Regras:** Mantenha as assinaturas e regras de IDS/IPS atualizadas para garantir que os sistemas possam detectar e responder às ameaças mais recentes. Atualizações regulares são essenciais para manter a eficácia das soluções de IDS/IPS.

o **Análise e Resposta a Incidentes:** Utilize os dados gerados pelos IDS/IPS para investigar e responder a incidentes de segurança. Estabeleça procedimentos para analisar alertas, determinar a gravidade dos incidentes e tomar medidas corretivas para mitigar os impactos.

REALIZAR ATUALIZAÇÕES E PATCHES REGULARES PARA SISTEMAS E SOFTWARE

1. **Gerenciamento de Patches:**
   - **Inventário de Sistemas e Software:** Mantenha um inventário detalhado de todos os sistemas e software em uso na organização. Isso ajuda a identificar quais sistemas precisam de atualizações e patches.
   - **Ciclo de Atualização:** Estabeleça um ciclo regular para aplicar patches e atualizações de segurança. Isso inclui o monitoramento de atualizações de fornecedores, testes de compatibilidade e implementação de patches em um ambiente controlado antes de sua aplicação generalizada.
2. **Avaliação de Vulnerabilidades:**
   - **Scan de Vulnerabilidades:** Realize varreduras de vulnerabilidades para identificar falhas de segurança conhecidas em sistemas e software. Utilize ferramentas de avaliação de vulnerabilidades para detectar e priorizar os riscos associados a essas falhas.
   - **Correção e Verificação:** Aplique correções e patches para vulnerabilidades identificadas e verifique se as atualizações foram aplicadas com sucesso. Documente o processo de correção e mantenha registros das atualizações realizadas.

IMPLEMENTAR SOLUÇÕES DE ANTIVÍRUS E ANTIMALWARE

1. **Soluções de Antivírus e Antimalware:**
   - **Instalação e Configuração:** Instale soluções de antivírus e antimalware em todos os sistemas da organização, incluindo servidores, estações de trabalho e dispositivos móveis. Configure as soluções para realizar varreduras regulares e em tempo real.
   - **Atualizações de Assinaturas:** Mantenha as assinaturas de vírus e malware atualizadas para garantir que as soluções possam identificar e neutralizar as ameaças mais recentes. Configure atualizações automáticas para garantir que as definições estejam sempre atualizadas.
2. **Varreduras Regulares e Resolução de Incidentes:**
   - **Varreduras Regulares:** Programe varreduras regulares para identificar e remover malware em sistemas. Realize varreduras completas periódicas para garantir que o sistema esteja livre de ameaças e mantenha um ambiente seguro.
   - **Resolução de Malware:** Desenvolva procedimentos para lidar com infecções de malware. Isso inclui a quarentena de arquivos suspeitos, a remoção de malware e a realização de análises pós-incidente para identificar a origem e a extensão da infecção.

GARANTIR A SEGURANÇA DAS REDES INTERNAS E EXTERNAS

1. **Segurança das Redes Internas:**

o **Segmentação de Rede:** Implemente a segmentação de rede para isolar diferentes áreas da rede, reduzindo o risco de propagação de ataques. Utilize VLANs (Redes Locais Virtuais) e zonas de segurança para controlar o tráfego entre segmentos de rede.

o **Controle de Acesso à Rede:** Utilize controles de acesso à rede (NAC) para garantir que apenas dispositivos autorizados e seguros possam se conectar à rede interna. Verifique a conformidade dos dispositivos com as políticas de segurança antes de permitir o acesso.

2. **Segurança das Redes Externas:**

o **Proteção de Pontos de Acesso:** Proteja pontos de acesso de rede, como roteadores e switches, utilizando autenticação forte, criptografia e configurações de segurança adequadas. Realize análises regulares de configuração para identificar e corrigir vulnerabilidades.

o **VPNs e Conexões Remotas:** Utilize redes privadas virtuais (VPNs) para garantir a segurança das conexões remotas. As VPNs criptografam o tráfego de dados e garantem que as comunicações entre funcionários remotos e a rede corporativa sejam seguras.

o   **Monitoramento de Rede:** Implemente ferramentas de monitoramento para vigiar a atividade da rede, identificar tráfego suspeito e detectar possíveis ameaças. Utilize sistemas de análise de tráfego para identificar padrões anômalos e responder rapidamente a incidentes de segurança.

Implementar e manter estas práticas de segurança para TI e infraestrutura ajuda a proteger a organização contra uma ampla gama de ameaças cibernéticas, garantindo a integridade, confidencialidade e disponibilidade dos sistemas e dados críticos.

5. TREINAMENTO E CONSCIENTIZAÇÃO

Desenvolver e Implementar Programas de Treinamento em Segurança para Colaboradores

1. **Criação de Programas de Treinamento:**
   - **Conteúdo do Treinamento:** Desenvolva programas de treinamento que cobram aspectos fundamentais da segurança da informação, como a proteção de dados pessoais e corporativos, a identificação de phishing e outras ameaças cibernéticas, e a aplicação das políticas de segurança da organização. Inclua exemplos práticos e cenários reais para facilitar a compreensão.
   - **Formato do Treinamento:** Utilize uma variedade de formatos para atender a diferentes estilos de aprendizado, como treinamentos presenciais, módulos de e-learning, vídeos instrutivos e estudos de caso. Assegure-se de que o conteúdo seja acessível e envolvente para maximizar a participação e a retenção de conhecimento.

2. **Implementação e Atualização:**
   - **Programação de Treinamentos:** Estabeleça uma programação regular para os treinamentos de segurança, incluindo sessões de orientação para novos funcionários e treinamentos de reciclagem para a

equipe existente. Ajuste a frequência com base nas necessidades e no nível de risco da organização.

o **Feedback e Melhoria Contínua:** Coleta feedback dos participantes sobre a relevância e eficácia dos treinamentos. Utilize essas informações para aprimorar continuamente o conteúdo e o formato dos programas, garantindo que estejam alinhados com as práticas mais recentes e as necessidades da organização.

REALIZAR CAMPANHAS DE CONSCIENTIZAÇÃO SOBRE AMEAÇAS CIBERNÉTICAS

1. **Desenvolvimento de Campanhas:**
   - **Temas e Mensagens:** Crie campanhas de conscientização que abordem ameaças cibernéticas específicas, como ransomware, phishing, engenharia social e vazamentos de dados. Desenvolva mensagens claras e diretas para educar os colaboradores sobre os riscos e as melhores práticas para mitigá-los.
   - **Canais de Comunicação:** Utilize diversos canais para disseminar informações, como e-mails, boletins informativos, painéis de aviso, workshops e seminários. Considere a criação de um portal de segurança na intranet da empresa para fornecer recursos e atualizações contínuas.
2. **Engajamento e Avaliação:**
   - **Atividades Interativas:** Inclua atividades interativas, como simulações de ataques, jogos de segurança e quizzes, para tornar as campanhas mais envolventes e educativas. Essas atividades ajudam a reforçar o conhecimento e a prática das melhores práticas de segurança.
   - **Avaliação de Impacto:** Meça a eficácia das campanhas de conscientização por meio de pesquisas de conhecimento, testes e análises de incidentes

para avaliar o impacto no comportamento dos colaboradores. Utilize os resultados para ajustar e melhorar as campanhas futuras.

AVALIAR A EFICÁCIA DOS PROGRAMAS DE TREINAMENTO REGULARMENTE

1. **Monitoramento e Avaliação:**

o   **Testes de Conhecimento:** Realize testes e avaliações regulares para medir o conhecimento e a compreensão dos colaboradores sobre os temas abordados nos treinamentos. Utilize questionários, simulações e exercícios práticos para avaliar a aplicação do conhecimento.

o   **Pesquisas de Feedback:** Conduza pesquisas de feedback para coletar informações sobre a percepção dos colaboradores em relação à eficácia dos treinamentos. Pergunte sobre a clareza do conteúdo, a aplicabilidade das informações e o nível de satisfação com os formatos utilizados.

2. **Ajustes e Melhorias:**

o   **Análise de Resultados:** Analise os resultados das avaliações e pesquisas para identificar áreas de melhoria nos programas de treinamento e conscientização. Ajuste o conteúdo e os métodos com base nas necessidades identificadas e nas mudanças no ambiente de ameaças.

o   **Atualização Contínua:** Atualize regularmente

os materiais e métodos de treinamento para refletir as novas ameaças e as melhores práticas emergentes. Garanta que os programas de treinamento permaneçam relevantes e eficazes no enfrentamento dos desafios de segurança em constante evolução.

CONCLUSÃO

O treinamento e a conscientização contínuos são componentes críticos para a eficácia das estratégias de segurança da informação. Ao investir no desenvolvimento de programas robustos e na realização de campanhas de conscientização eficazes, as organizações podem fortalecer sua postura de segurança, reduzir o risco de incidentes e fomentar uma cultura de segurança entre os colaboradores. Avaliar e ajustar regularmente esses programas garantirá que eles permaneçam eficazes e relevantes, contribuindo para uma defesa mais robusta contra ameaças cibernéticas.

6. RESPOSTA A INCIDENTES E GESTÃO DE CRISES

CRIAR E MANTER UM PLANO DE RESPOSTA A INCIDENTES

1. **Desenvolvimento do Plano de Resposta a Incidentes:**
- **Objetivo e Escopo:** O plano de resposta a incidentes deve estabelecer claramente o objetivo de minimizar os danos e restaurar as operações normais de forma eficiente. Defina o escopo do plano para cobrir todos os tipos de incidentes que possam afetar a organização, desde ataques cibernéticos até falhas de sistemas críticos.
- **Procedimentos Detalhados:**
    - **Identificação:** Crie um processo para a detecção inicial de incidentes, que pode incluir o uso de ferramentas de monitoramento e análise de eventos. Estabeleça critérios para classificar a gravidade do incidente e determinar a necessidade de uma resposta imediata.
    - **Contenção:** Descreva as ações necessárias para limitar o impacto do incidente e evitar que ele se espalhe. Isso pode incluir a desconexão de sistemas comprometidos, bloqueio de contas de usuário afetadas ou isolamento de segmentos de rede.
    - **Erradicação:** Defina procedimentos para remover a causa raiz do incidente, que pode envolver a eliminação de malware, correção de vulnerabilidades exploradas ou a atualização de

sistemas comprometidos.

- **Recuperação:** Estabeleça métodos para restaurar sistemas e operações ao seu estado normal. Isso inclui a recuperação de dados a partir de backups e a validação da integridade dos sistemas para garantir que não existam ameaças remanescentes.

2. **Documentação e Comunicação:**

o **Registro de Incidentes:** Mantenha registros detalhados de todos os incidentes, incluindo o cronograma de eventos, ações tomadas e comunicação realizada. Esses registros são essenciais para a análise posterior e para melhorar a resposta a futuros incidentes.

o **Revisão e Atualização:** Revise o plano de resposta a incidentes regularmente para refletir mudanças no ambiente de ameaças, na infraestrutura da organização e nas melhores práticas de segurança. As lições aprendidas de incidentes anteriores devem ser incorporadas para fortalecer o plano.

ESTABELECER E TREINAR UMA EQUIPE DE RESPOSTA A INCIDENTES (CSIRT)

1. **Formação da Equipe de Resposta a Incidentes:**

○ **Seleção de Membros:** Construa uma equipe dedicada de resposta a incidentes (CSIRT) composta por especialistas em segurança da informação, administradores de sistemas e profissionais de comunicação. Cada membro deve possuir habilidades e conhecimentos complementares para lidar com diversos aspectos de incidentes de segurança.

○ **Funções e Responsabilidades:** Defina claramente as funções e responsabilidades de cada membro da equipe. Inclua papéis como coordenador de incidentes, analista forense, comunicador de crise e suporte técnico.

2. **Treinamento e Simulações:**

○ **Programas de Treinamento:** Desenvolva programas de treinamento contínuo para a equipe, abordando tanto as habilidades técnicas quanto as competências de gestão de crises. Inclua tópicos como técnicas de análise forense, comunicação eficaz e gestão de estresse.

○ **Simulações e Exercícios:** Realize simulações regulares de incidentes para testar a prontidão da equipe e a eficácia do plano de resposta. Utilize cenários realistas para garantir que a equipe possa aplicar os procedimentos do plano sob condições de pressão e tempo limitado.

DESENVOLVER PROCEDIMENTOS DE COMUNICAÇÃO EM CRISES E VAZAMENTOS DE DADOS

1. **Procedimentos de Comunicação Durante Crises:**

o   **Comunicação Interna:** Estabeleça protocolos para informar rapidamente a liderança e os departamentos afetados sobre a crise. Crie um canal de comunicação centralizado para coordenar a disseminação de informações e garantir uma resposta coordenada.

o   **Comunicação Externa:** Desenvolva procedimentos para comunicar-se com clientes, parceiros e outras partes externas. Prepare declarações públicas e comunicações específicas para diferentes stakeholders, garantindo clareza e transparência.

2. **Protocolos de Notificação de Vazamentos de Dados:**

o   **Relato a Reguladores e Partes Afetadas:** Crie procedimentos para relatar vazamentos de dados a reguladores conforme exigido por regulamentações como GDPR ou CCPA. Desenvolva notificações para informar os indivíduos afetados, detalhando a natureza do vazamento, as medidas tomadas e os recursos disponíveis para assistência.

o   **Transparência e Gestão da Reputação:** Estabeleça práticas para gerenciar a reputação da empresa durante e após um incidente. Garanta que a comunicação seja transparente e que as ações tomadas sejam visíveis para construir e manter a confiança das partes interessadas.

REVISAR E ATUALIZAR OS PLANOS DE RESPOSTA A INCIDENTES APÓS EVENTOS

1. **Análise Pós-Incidente:**

o **Revisão e Avaliação:** Após a resolução de um incidente, conduza uma análise detalhada para avaliar a eficácia da resposta e identificar áreas de melhoria. Analise o tempo de resposta, as decisões tomadas e a comunicação durante o incidente.

o **Lições Aprendidas:** Documente as lições aprendidas e os pontos fortes e fracos identificados durante o incidente. Utilize essas informações para ajustar e melhorar o plano de resposta a incidentes e os procedimentos associados.

2. **Atualização do Plano:**

o **Incorporação de Melhorias:** Atualize o plano de resposta a incidentes com base nas lições aprendidas e nas mudanças no ambiente de ameaças e na tecnologia. Revise e ajuste os procedimentos, as responsabilidades da equipe e os protocolos de comunicação para garantir uma resposta mais eficaz a futuros incidentes.

o **Reavaliação Regular:** Realize revisões periódicas do plano para garantir que ele continue relevante e eficaz. Incorpore novas ameaças, tecnologias e melhores práticas para manter o plano atualizado e alinhado com as necessidades da organização.

7. MONITORAMENTO E AUDITORIA

IMPLEMENTAR MONITORAMENTO CONTÍNUO DE SISTEMAS E REDES

1. **Ferramentas e Tecnologias de Monitoramento:**

o   **Soluções de Monitoramento:** Utilize ferramentas avançadas de monitoramento para vigiar continuamente a segurança dos sistemas e redes. Ferramentas como sistemas de gerenciamento de informações e eventos de segurança (SIEM) podem coletar e correlacionar dados de logs para identificar padrões de comportamento suspeito.

o   **Análise de Logs e Tráfego:** Monitore logs de eventos, tráfego de rede e atividades de usuários para detectar atividades anômalas. Configure alertas para notificar a equipe de segurança sobre possíveis incidentes em tempo real.

2. **Resposta a Alertas e Incidentes:**

o   **Análise de Alertas:** Desenvolva procedimentos para a análise e resposta a alertas gerados pelas ferramentas de monitoramento. Avalie a gravidade dos alertas e determine as ações apropriadas, como a investigação ou a contenção de possíveis incidentes.

o   **Acompanhamento de Incidentes:** Mantenha um registro de todas as atividades relacionadas ao monitoramento, incluindo a investigação e resposta a incidentes. Utilize essas informações para melhorar a eficácia das ferramentas e processos de monitoramento.

REALIZAR AUDITORIAS REGULARES DE SEGURANÇA E CONFORMIDADE

1. **Planejamento e Execução de Auditorias:**

o **Programação de Auditorias:** Estabeleça um cronograma para auditorias regulares de segurança e conformidade. As auditorias devem cobrir todos os aspectos das práticas de segurança da organização, incluindo políticas, controles e processos.

o **Auditores Internos e Externos:** Considere a utilização de auditores internos e externos para avaliar a conformidade com políticas e regulamentações. Os auditores externos podem fornecer uma perspectiva imparcial e identificar áreas de melhoria que podem não ser evidentes para a equipe interna.

2. **Relatórios e Ações Corretivas:**

o **Relatórios de Auditoria:** Prepare relatórios detalhados sobre os resultados das auditorias, destacando as áreas de conformidade e não conformidade. Inclua recomendações para melhorar a segurança e garantir a conformidade com as políticas e regulamentações.

o **Planos de Ação:** Desenvolva planos de ação para abordar as deficiências identificadas durante as auditorias. Acompanhe a implementação das ações corretivas e reavalie a eficácia das melhorias feitas.

ANALISAR E RELATAR MÉTRICAS E INDICADORES DE DESEMPENHO DE SEGURANÇA (KPIS)

1. **Definição de KPIs:**
   - **Identificação de Métricas:** Selecione indicadores-chave de desempenho (KPIs) para medir a eficácia das iniciativas de segurança. Exemplos de KPIs incluem o número de incidentes detectados, o tempo médio de resposta e a eficácia dos controles de segurança.
   - **Estabelecimento de Metas:** Defina metas específicas para cada KPI para avaliar o desempenho e o progresso das iniciativas de segurança.
2. **Análise e Relato de KPIs:**
   - **Avaliação de Desempenho:** Analise as métricas e KPIs regularmente para avaliar a eficácia das práticas de segurança. Identifique tendências, padrões e áreas que requerem atenção ou melhoria.
   - **Relatórios de Desempenho:** Prepare relatórios detalhados sobre o desempenho da segurança, destacando os resultados dos KPIs e as áreas de sucesso e melhoria. Utilize esses relatórios para informar a liderança e apoiar a tomada de decisões estratégicas em segurança da informação.

Essas seções proporcionam uma base sólida para a gestão e resposta a incidentes de segurança, assegurando que a organização esteja bem preparada para lidar com crises e mantenha uma postura proativa em relação à segurança e conformidade.

8. SEGURANÇA DE APLICAÇÕES E SISTEMAS

REALIZAR TESTES DE PENETRAÇÃO E AVALIAÇÕES DE SEGURANÇA EM APLICAÇÕES

1. **Conduzir Testes de Penetração Regulares:**
- o **Objetivo dos Testes de Penetração:** Realizar testes de penetração, também conhecidos como pentests, é uma prática essencial para identificar e explorar vulnerabilidades em aplicações e sistemas. Esses testes simulam ataques reais para avaliar a robustez das defesas e identificar fraquezas que poderiam ser exploradas por agentes maliciosos.
- o **Metodologias de Teste:**
  - ■ **Testes Automatizados:** Utilizam ferramentas automatizadas para realizar varreduras sistemáticas e identificar vulnerabilidades comuns, como injeções de SQL, cross-site scripting (XSS) e falhas de configuração. Esses testes são eficazes para identificar falhas conhecidas e fornecer uma visão geral das vulnerabilidades.
  - ■ **Testes Manuais:** Envolvem a análise manual e aprofundada das aplicações para identificar vulnerabilidades complexas que podem não ser detectadas por ferramentas automatizadas.

Testadores experientes simulam técnicas sofisticadas de ataque, explorando falhas de lógica e vulnerabilidades específicas da aplicação.

- o **Processo de Teste:**
  - **Planejamento e Escopo:** Defina o escopo dos testes, incluindo sistemas, aplicações e componentes a serem avaliados. Estabeleça metas e expectativas claras com os stakeholders.
  - **Execução e Relatório:** Conduza os testes conforme o plano, documentando detalhadamente todas as descobertas. Elabore um relatório abrangente que descreva as vulnerabilidades encontradas, seu impacto potencial e recomendações para mitigação.
  - **Remediação e Reavaliação:** Trabalhe com as equipes responsáveis para corrigir as vulnerabilidades identificadas e realize testes adicionais para validar a eficácia das correções.

2. **Utilizar Avaliações de Segurança:**
  - o **Objetivo das Avaliações:** As avaliações de segurança têm como finalidade examinar a eficácia das medidas de proteção existentes e a robustez geral da segurança de aplicações e sistemas. Elas complementam os testes de penetração ao fornecer uma visão detalhada da segurança das aplicações.
  - o **Tipos de Avaliações:**
    - **Avaliações de Código-Fonte:** Revisam o código-fonte das aplicações para identificar vulnerabilidades como falhas de codificação e exposição de dados sensíveis. Ferramentas de análise estática de código (SAST) podem ajudar a detectar problemas de segurança durante o desenvolvimento.
    - **Avaliações de Arquitetura e Design:** Avaliam a arquitetura e o design das aplicações para garantir que os controles de segurança estejam

adequadamente implementados em todas as camadas. Verifique a segregação de funções, os controles de acesso e a proteção de dados sensíveis.

IMPLEMENTAR PRÁTICAS DE DESENVOLVIMENTO SEGURO (DEVSECOPS)

1. **Integrar Segurança no Ciclo de Vida do Desenvolvimento:**
   - **Objetivo do DevSecOps:** O DevSecOps é uma abordagem que visa integrar práticas de segurança no ciclo de vida do desenvolvimento de software desde o início. Em vez de tratar a segurança como uma etapa final, o DevSecOps promove a incorporação contínua de medidas de segurança durante todo o processo de desenvolvimento.
   - **Práticas e Ferramentas:**
     - **Segurança na Fase de Planejamento:** Incorpore requisitos de segurança nas especificações e planejamento do projeto. Realize análises de risco e defina estratégias de mitigação para identificar e abordar vulnerabilidades potenciais desde o início.
     - **Segurança Durante o Desenvolvimento:** Utilize ferramentas de análise de código estático (SAST) e dinâmica (DAST) para identificar e corrigir vulnerabilidades durante o desenvolvimento. Integre verificações de segurança no pipeline de CI/CD para realizar testes automatizados a cada integração.

- **Automação e Integração:** Automatize testes de segurança, validações e revisões de código para garantir que as práticas de segurança sejam aplicadas continuamente e de forma consistente. Utilize pipelines de CI/CD para incorporar segurança em cada fase do desenvolvimento.

2. **Promover a Cultura de Segurança:**

o **Treinamento e Conscientização:** Forneça treinamento contínuo sobre práticas de desenvolvimento seguro para desenvolvedores e outros stakeholders. Promova uma cultura de segurança que enfatize a importância de identificar e corrigir vulnerabilidades durante o desenvolvimento.

o **Feedback e Melhoria Contínua:** Estabeleça canais de feedback sobre práticas de segurança e responda a vulnerabilidades descobertas. Utilize lições aprendidas para aprimorar processos e práticas de segurança e para melhorar a resposta a futuros desafios.

GERENCIAR E PROTEGER O CICLO DE VIDA DAS APLICAÇÕES E SISTEMAS

1. **Segurança Durante o Desenvolvimento:**
   o **Definição de Requisitos de Segurança:** Estabeleça requisitos de segurança desde a fase de design e planejamento. Certifique-se de que práticas como criptografia, autenticação forte e controle de acesso sejam incorporadas desde o início do desenvolvimento.
   o **Revisão e Validação:** Realize revisões de segurança regulares durante o desenvolvimento para garantir que os requisitos de segurança sejam atendidos e que a aplicação esteja protegida contra ameaças conhecidas.
2. **Segurança na Implementação e Manutenção:**
   o **Gestão de Configuração:** Utilize ferramentas de gestão de configuração para monitorar e aplicar configurações seguras em sistemas e aplicações. Garanta que as configurações estejam em conformidade com as políticas de segurança e que sejam ajustadas conforme necessário.
   o **Atualizações e Patches:** Mantenha todos os sistemas e aplicações atualizados com os patches de segurança mais recentes para corrigir vulnerabilidades conhecidas e proteger contra novas ameaças. Estabeleça um processo de gerenciamento de

patches eficiente para garantir a aplicação tempestiva das atualizações.

3. **Desativação Segura de Sistemas Obsoletos:**

o **Desativação e Remoção:** Desenvolva procedimentos para desativar e remover sistemas obsoletos de forma segura. Assegure-se de que todos os dados sejam corretamente removidos e que informações sensíveis sejam destruídas para prevenir vazamentos de dados.

o **Documentação e Auditoria:** Documente o processo de desativação e realize auditorias para garantir que as medidas de segurança foram aplicadas adequadamente. Mantenha registros detalhados para referência futura e para auditorias de conformidade.

Estas práticas são cruciais para garantir a segurança de aplicações e sistemas ao longo de seu ciclo de vida, desde o desenvolvimento inicial até a manutenção e eventual desativação. A implementação eficaz dessas práticas ajuda a proteger contra vulnerabilidades e ameaças, garantindo a integridade e a confidencialidade dos dados e sistemas da organização.

9. SEGURANÇA EM AMBIENTES NUVEM E HÍBRIDOS

IMPLEMENTAR CONTROLES DE SEGURANÇA ESPECÍFICOS PARA AMBIENTES DE NUVEM

1. **Criptografia de Dados:**
   - **Criptografia em Trânsito e em Repouso:** Garanta que os dados estejam criptografados tanto em trânsito quanto em repouso. Utilize protocolos de criptografia robustos como TLS (Transport Layer Security) para proteger dados em trânsito e algoritmos de criptografia avançados, como AES (Advanced Encryption Standard), para dados em repouso.
   - **Gerenciamento de Chaves:** Implemente práticas seguras para o gerenciamento de chaves criptográficas, incluindo a rotação regular e a proteção das chaves em módulos de segurança de hardware (HSM) sempre que possível.
2. **Gerenciamento de Identidade e Acesso (IAM):**
   - **Políticas de Acesso Granular:** Defina e implemente políticas de acesso granular que garantam que apenas usuários autorizados possam acessar recursos específicos. Utilize recursos como grupos e papéis para aplicar permissões de forma eficiente.
   - **Autenticação Multifatorial (MFA):** Exija MFA para todas as contas de administrador e para usuários que acessam dados sensíveis. Isso adiciona uma camada adicional de segurança além das senhas tradicionais.

3. **Segurança de Redes:**

o **Segurança de Perímetro Virtual:** Utilize firewalls virtuais e redes privadas virtuais (VPNs) para proteger a comunicação entre suas instâncias na nuvem e a rede interna da empresa.

o **Segmentação de Rede:** Implemente segmentação de rede para isolar diferentes tipos de tráfego e proteger os recursos críticos contra possíveis ataques.

4. **Políticas e Configurações de Segurança:**

o **Configurações Seguras:** Aplique configurações de segurança recomendadas pelos provedores de nuvem e por melhores práticas do setor. Monitore continuamente as configurações para garantir que estejam em conformidade com as políticas de segurança.

o **Avaliações de Segurança Regulares:** Realize avaliações de segurança regulares para identificar e corrigir possíveis vulnerabilidades na configuração e nas políticas de segurança.

GARANTIR A PROTEÇÃO DE DADOS EM AMBIENTES HÍBRIDOS E MULTI-NUVEM

1. **Políticas de Segurança Uniformes:**

o   **Integração de Políticas:** Desenvolva e implemente políticas de segurança que sejam consistentes em todos os ambientes híbridos e multi-nuvem. Isso inclui a aplicação uniforme de controles de acesso, criptografia e monitoramento.

o   **Gestão Centralizada:** Utilize ferramentas de gerenciamento centralizado para aplicar e monitorar políticas de segurança em diferentes plataformas e provedores de nuvem.

2. **Ferramentas de Segurança Integradas:**

o   **Soluções de Segurança Multi-Nuvem:** Adote soluções de segurança que ofereçam visibilidade e controle abrangentes em ambientes multi-nuvem. Ferramentas como soluções de segurança de endpoint e plataformas de gerenciamento de eventos e informações de segurança (SIEM) podem ajudar a monitorar e proteger todas as suas instâncias na nuvem.

o   **Automação e Orquestração:** Utilize automação e orquestração para garantir a aplicação consistente de políticas de segurança e para responder rapidamente a incidentes em diferentes ambientes.

3. **Monitoramento e Resposta:**

o **Monitoramento Contínuo:** Implemente ferramentas de monitoramento que forneçam visibilidade em tempo real sobre a segurança de suas instâncias na nuvem. Monitore logs de eventos, tráfego de rede e atividades de usuários para detectar e responder a possíveis ameaças.

o **Resposta a Incidentes:** Desenvolva procedimentos para responder a incidentes de segurança que possam afetar múltiplas plataformas de nuvem. Estabeleça protocolos de comunicação e coordenação para gerenciar e mitigar os impactos de incidentes de forma eficaz.

MONITORAR E GERENCIAR O ACESSO E A SEGURANÇA EM PLATAFORMAS DE NUVEM

1. **Ferramentas de Monitoramento Específicas:**
   - **Soluções de Segurança Nativas da Nuvem:** Utilize ferramentas fornecidas pelos provedores de nuvem para monitorar a segurança de suas instâncias. Muitas plataformas oferecem recursos integrados para monitoramento de atividades e detecção de ameaças.
   - **Ferramentas de Terceiros:** Considere a utilização de ferramentas de segurança de terceiros que oferecem capacidades avançadas de monitoramento e análise para ambientes de nuvem.
2. **Controle de Acesso e Autenticação:**
   - **Políticas de Controle de Acesso:** Estabeleça e aplique políticas rigorosas de controle de acesso para garantir que apenas usuários autorizados possam acessar recursos na nuvem. Utilize políticas baseadas em atributos e papéis para gerenciar permissões de forma granular.
   - **Autenticação Multifatorial:** Aplique MFA em todas as contas que têm acesso aos recursos críticos. Isso ajuda a proteger contra o acesso não autorizado, mesmo que as credenciais sejam comprometidas.
3. **Auditoria e Conformidade:**
   - **Auditoria Contínua:** Realize auditorias contínuas

para verificar a conformidade com políticas e regulamentações de segurança. Utilize ferramentas de auditoria para gerar relatórios e identificar áreas que precisam de melhorias.

o **Relatórios e Registros:** Mantenha registros detalhados de todas as atividades de acesso e eventos de segurança. Esses registros são essenciais para a investigação de incidentes e para atender a requisitos regulatórios.

A segurança em ambientes de nuvem e híbridos exige uma abordagem abrangente que integra controles específicos para proteger dados e recursos, aplica políticas de segurança uniformes, e utiliza ferramentas avançadas para monitoramento e gerenciamento. A implementação eficaz dessas práticas ajuda a proteger a integridade, confidencialidade e disponibilidade dos dados e sistemas em um cenário de nuvem dinâmico e multifacetado.

10. INOVAÇÃO E FUTURO DA SEGURANÇA

ACOMPANHAR E ADOTAR INOVAÇÕES TECNOLÓGICAS SEGURAS

1. **Monitoramento de Tendências Tecnológicas:**
   - **Pesquisa e Análise:** Mantenha-se atualizado com as últimas inovações tecnológicas e suas implicações para a segurança. Isso inclui acompanhar publicações de pesquisa, blogs de especialistas em segurança e relatórios de tendências da indústria.
   - **Participação em Eventos:** Participe de conferências, seminários e webinars sobre novas tecnologias e segurança. Esses eventos oferecem insights sobre inovações emergentes e as melhores práticas para implementá-las de maneira segura.
2. **Avaliação de Novas Tecnologias:**
   - **Análise de Risco:** Antes de adotar novas tecnologias, conduza uma análise de risco para identificar possíveis vulnerabilidades e impactos na segurança. Considere a realização de testes de segurança e avaliações de impacto.
   - **Compliance e Regulações:** Verifique se a nova tecnologia está em conformidade com as regulamentações de segurança e privacidade aplicáveis. Avalie como a tecnologia se alinha com as políticas e requisitos de segurança da organização.
3. **Treinamento e Capacitação:**

o **Capacitação Contínua:** Invista em treinamentos e capacitações para a equipe de segurança sobre novas tecnologias e suas implicações. Isso garante que a equipe esteja equipada para gerenciar e proteger contra ameaças associadas às inovações tecnológicas.

o **Certificações e Cursos:** Encoraje a equipe a obter certificações em novas áreas de tecnologia e segurança para aprimorar suas habilidades e conhecimentos.

AVALIAR E PREPARAR-SE PARA NOVAS AMEAÇAS E TENDÊNCIAS DE SEGURANÇA

1. **Análise de Ameaças Emergentes:**
   - **Pesquisa e Inteligência:** Utilize ferramentas e serviços de inteligência de ameaças para monitorar e identificar novas técnicas de ataque e tendências emergentes. Isso inclui análise de malware, técnicas de engenharia social e ataques baseados em zero-day.
   - **Simulações e Cenários:** Realize simulações e exercícios de ataque para testar a preparação da organização contra novas ameaças. Isso ajuda a identificar lacunas e melhorar a resposta a incidentes.

2. **Atualização de Planos de Resposta:**
   - **Revisão Regular:** Revise e atualize regularmente os planos de resposta a incidentes e estratégias de mitigação para incorporar novas ameaças e técnicas de ataque. As atualizações devem refletir as lições aprendidas com incidentes anteriores e novas informações sobre ameaças.
   - **Adaptação das Políticas:** Ajuste políticas e procedimentos para abordar novas ameaças e garantir que os controles existentes sejam eficazes contra técnicas de ataque emergentes.

3. **Colaboração e Compartilhamento de Informações:**
   - **Participação em Comunidades:** Envolva-

se em comunidades de segurança e grupos de trabalho para compartilhar informações sobre novas ameaças e melhores práticas. A colaboração com outras organizações pode fornecer insights valiosos e melhorar a resiliência contra ameaças.

o **Parcerias com Fornecedores:** Trabalhe com fornecedores de segurança para obter atualizações e patches relacionados a novas vulnerabilidades e ameaças. Mantenha um diálogo aberto para garantir que você esteja informado sobre as últimas ameaças e soluções de segurança.

INVESTIR EM TECNOLOGIAS EMERGENTES PARA FORTALECER A POSTURA DE SEGURANÇA

1. **Inteligência Artificial e Machine Learning:**
   - **Detecção e Resposta:** Invista em soluções baseadas em inteligência artificial (IA) e machine learning para melhorar a detecção de ameaças e a resposta a incidentes. Essas tecnologias podem identificar padrões anômalos e comportamentos suspeitos com maior precisão.
   - **Automação de Segurança:** Utilize IA para automatizar tarefas de segurança, como análise de logs, resposta a incidentes e gerenciamento de vulnerabilidades, permitindo uma resposta mais rápida e eficiente.

2. **Blockchain e Segurança de Dados:**
   - **Integridade dos Dados:** Explore o uso de blockchain para garantir a integridade e a transparência dos dados. Blockchain pode ser utilizado para criar registros imutáveis e auditáveis, proporcionando uma camada adicional de segurança contra fraudes e manipulações de dados.
   - **Autenticação e Identidade:** Avalie o uso de blockchain para melhorar a segurança de autenticação

e gerenciamento de identidade, oferecendo uma abordagem descentralizada e resistente a ataques.

3. **Tecnologias de Segurança Avançadas:**

o   **Segurança em Nuvem e Containers:** Considere tecnologias avançadas para proteger ambientes em nuvem e containers, como micro-segmentação, gerenciamento de políticas de segurança para containers e soluções de segurança nativa da nuvem.

o   **Soluções de Privacidade:** Invista em tecnologias que protejam a privacidade dos dados, como soluções de anonimização e técnicas de criptografia avançadas para proteger informações sensíveis.

4. **Avaliação e Implementação:**

o   **Provas de Conceito:** Realize provas de conceito (PoC) para avaliar a viabilidade e a eficácia das tecnologias emergentes antes da implementação completa. Teste as soluções em ambientes controlados para garantir que atendam às necessidades de segurança da organização.

o   **ROI e Custo-Benefício:** Avalie o retorno sobre o investimento (ROI) e o custo-benefício das tecnologias emergentes para garantir que o investimento traga melhorias tangíveis na postura de segurança.

A inovação contínua é essencial para manter a segurança da informação atualizada e eficaz. Ao acompanhar e adotar novas tecnologias, avaliar novas ameaças e investir em tecnologias emergentes, a organização pode fortalecer sua postura de segurança e estar melhor preparada para enfrentar os desafios futuros da cibersegurança.

Conclusão

A carreira em segurança da informação é uma das mais promissoras e desafiadoras da atualidade. Os profissionais que se dedicam ao aprimoramento constante são recompensados com excelentes oportunidades de trabalho e salários atrativos.

Ao longo deste livro, apresentei os principais conceitos e práticas de segurança da informação, desde os fundamentos até os tópicos mais avançados. Espero que o conteúdo tenha sido útil para você e que contribua para o seu crescimento profissional.

Agradeço a todos os leitores que acompanharam este livro até o final. Se você gostou do conteúdo, por favor, deixe uma avaliação na Amazon e compartilhe suas impressões comigo nas redes sociais. Procure por "Igor Doin" e me dê um feedback da sua leitura, isso é o mais importante para mim: saber que te ajudei em algo na sua jornada! :)

Obrigado e até a próxima leitura! :)